DE L'ORAGE ET DU BEAU TEMPS

Conception graphique : Caroline Keppy
Secrétariat d'édition : Aude Clavel

92, avenue de France
75013 Paris
serviceclients@lisez.com

Dépôt légal : décembre 2024
ISBN : 978-2-7491-7406-8

Sous la direction de Philippe Caduc

DE L'ORAGE ET DU BEAU TEMPS

REGARDS SUR L'INTELLIGENCE STRATÉGIQUE

le cherche midi

PRÉFACE

LES ENJEUX DE L'INTELLIGENCE STRATÉGIQUE

Il est parfois difficile d'expliquer son métier. Le nôtre, l'intelligence stratégique, consiste à mettre en place des outils permettant de comprendre et d'agir sur les rouages de la compétition économique mondiale. On peut le définir par ce qu'il n'est pas. Par exemple, il ne s'agit pas de renseignement d'État, mais bien de rechercher de l'information ouverte pour l'analyser afin d'en appliquer les résultats à des objets économiques et commerciaux. Le champ d'activité de l'intelligence stratégique est immense, puisque 95 % de l'information utile aux décideurs est librement disponible. Les 5 % restant ne sont pas accessibles légalement et seul le renseignement d'État permet le cas échéant d'en prendre connaissance, avec ses outils propres. L'intelligence stratégique intègre toutes les matrices de la compétition économique mondiale. Les informations culturelles, politiques, géopolitiques font partie de nos centres d'intérêt pour comprendre une situation donnée. Le décideur pourra alors agir en toute connaissance de cause, parce qu'il a atteint la compréhension de la situation économique, des moyens de ses concurrents, les intentions de ses clients.

Nous vivons dans une économie concurrentielle et dans des champs informationnels de plus en plus complexes. Que notre client cherche à vendre ou à acquérir un produit, qu'il veuille prendre le contrôle d'une entreprise concurrente ou convaincre un gouvernement de prendre une décision conforme à ses vœux, il se trouve toujours en concurrence avec un ou plusieurs autres acteurs poursuivant les mêmes buts. Notre fonction consiste à mieux connaître ces concurrents, pour que le décideur, notre client, affine son argumentation et impose sa marque.

TRAITER

Toute entreprise a besoin de croître. Cela lui impose d'ouvrir de nouveaux marchés, généralement hors des pays membres du G7 ou du G20, donc au-delà des frontières où les entreprises ont l'habitude d'évoluer. Cette croissance organique dépend de très grands contrats stratégiques, le plus souvent attribués par des États, y compris non-membres de l'OCDE. Les entreprises ont besoin d'appuis pour ces compétitions, car elles n'y jouent que des balles de match sur des terrains souvent mal pavés. Dans ces grands marchés internationaux, plusieurs acteurs s'opposent dans une concurrence frontale, d'autant plus décisive qu'ils ont tous besoin de remplir leurs carnets de commandes. Ce sont le plus souvent des marchés dits *B to G (business to government)* concernant des entreprises multinationales privées contractant avec des gouvernements pour des technologies de souveraineté. Cruciaux pour les entreprises, ces contrats le sont aussi pour les États concernés par l'achat et par la vente d'aéronautique civile et militaire, de satellites et de lanceurs spatiaux, de systèmes de transports, d'énergie (hydrocarbures ou nucléaire), d'armement, de logiciels informatiques, de télécommunications, etc.

Avec l'ADIT[1], les entreprises vont mettre en place des moyens d'observation permettant des analyses très fines de la situation. Il s'agit de bien définir les intentions de l'acheteur, ses circuits de décision, les concurrents en place et les méthodes d'influence qu'ils vont mettre en œuvre localement. Le besoin de notre client est parfaitement identifié : il exige une vision précise de la situation globale et une cartographie complète de son terrain d'évolution. Pour satisfaire ces objectifs, nous allons mettre en place un poste central d'observation, que l'on peut appeler *data room*, *war room* ou salle de situation. On y trouvera l'ensemble des éléments à connaître sur la compétition en cours ou à venir. Certains sujets sont difficiles, comme ces moyens illégaux que certains compétiteurs seront prêts à employer pour « tordre les aiguilles » et l'emporter de façon déloyale. Notre client entend disposer du plus d'éléments possibles. Les transferts de technologie consentis par le concurrent, les montages financiers, les compensations (*offsets*) exigées par l'acheteur, etc. L'intelligence stratégique répond précisément à ces besoins, dont les enjeux économiques se calculent en centaines de millions d'euros. De notre côté, nous mettons en œuvre des moyens d'information très aboutis, reposant sur l'intelligence humaine déployée sur le terrain et sur le renseignement en sources ouvertes (*Open Source Intelligence*, OSINT), qui permet de corréler des éléments épars et de porter une attention soutenue aux éléments peu apparents, ces « signaux faibles » qui s'avèrent souvent décisifs.

CROÎTRE

Une firme croît en vendant ses produits. Mais elle doit aussi penser à sa croissance externe, en acquérant d'autres entreprises. Ces transactions sont d'une sensibilité extrême, car l'acquéreur ne dispose d'aucun droit à l'erreur. À cette fin, il a fait appel à des compétences spécialisées : des avocats, des auditeurs, des banquiers d'affaires, etc. Mais ceux-ci ne disposent ni des solutions, ni des moyens de déceler les informations que l'objet de son intérêt souhaite cacher. Quelles sont les intentions de ses managers ? Quelle est la réputation de l'entreprise, quelles sont ses pratiques d'affaires ? Des contentieux ont-ils été oubliés, des passifs latents dissimulés ? Le transfert de propriété de l'entreprise va-t-il changer la donne dans son pays d'origine ? Les syndicats seront approchés pour décrire le climat social de l'entreprise. Qu'en est-il de la propriété intellectuelle de ses produits ? La vérification est complète, y compris sur les sujets qui fâchent : intégrité des actifs, gravité des passifs, pratiques éventuelles de corruption ou de fraude fiscale, décisions de justice et ensemble des contentieux civils ou pénaux, la liste est longue... Nous avons à éclairer ces angles morts, décisifs dans le processus d'acquisition et dans l'évaluation du juste prix. Leader français de l'éthique des entreprises, l'ADIT est un partenaire de confiance de ses clients privés et des administrations françaises.

Y compris en matière d'intelligence stratégique, nos métiers sont connotés. ils sont représentés positivement dans la culture populaire dans les pays anglo-saxons, moins bien considérés en France. James Bond au-delà du Channel, barbouzes en deçà ! Il est vrai que les agents de renseignement ont laissé quelques cicatrices dans l'histoire de notre démocratie. Jusqu'à la fin des années 1990, ses métiers n'attiraient pas les talents. La fluidité entre la finance, la diplomatie, l'industrie et le renseignement, n'étaient pas de mise. Ce qui n'a jamais été le cas au Royaume-Uni, aux États-Unis ou en Chine. Les choses changent. L'ADIT a contribué à faire tomber des barrières ; dans l'État comme dans les entreprises, les métiers de l'analyse stratégique, de l'*advocacy* et du renseignement attirent désormais les compétences et les talents.

On ne reconnaît pas la nationalité d'une entreprise à celle de son manager. Pas beaucoup plus à celle de son capital. Pas tout à fait non plus à la localisation de ses centres stratégiques comme la R & D. On sait à quel monde appartient une entreprise quand on connaît l'État qui la soutient et le système d'intelligence économique auquel elle s'adosse. Ce critère ne trompe jamais.

AGIR

Le monde est ce qu'il est. Il est agité, il bouge. L'intelligence stratégique aide à le lire à partir de ses trois savoir-faire : l'investigation, l'analyse et l'influence. Pour ce qui nous concerne, nous sommes au service des entreprises et d'un pays, le nôtre, la France. Son expansion économique n'a pas une vocation universelle. Elle doit se fixer des priorités, en identifiant les régions du monde dans lesquelles elle ne doit pas perdre son influence historique. Et conquérir de nouveaux territoires. Dans une démarche collective associant l'ADIT, des entreprises stratégiques et les pouvoirs publics, nous pourrions décider que chaque année, nous nous fixerons quelques priorités sur lesquelles nous coordonnerons tous les moyens : ceux des ministères et leurs outils d'influence et du renseignement d'État, et de l'intelligence stratégique. Prenons un exemple : le port de Recife, au Brésil, doit attribuer sa concession dans les mois à venir. C'est un enjeu économique fort, avec de grosses retombées. Ne pourrions-nous pas lancer très en amont une initiative culturelle, nous qui sommes l'une des dernières puissances à en avoir la capacité et les atouts ? Nous savons organiser des célébrations consacrées spécifiquement à des pays amis, n'hésitons pas ! Une fois cette initiative mise en place, est-il si difficile de fédérer tous les moyens dont dispose la France ? Sa voix politique au Conseil de sécurité, sa diplomatie couvrant tous les champs de l'influence, ses capacités financières...

Fédérer les efforts, c'est possible. Cela pourrait et devrait se faire au plus haut niveau de l'État, au sein d'un centre opérationnel associant les acteurs publics et les entreprises privées combinant l'intelligence économique et le renseignement d'État, mettant en œuvre un continuum entre recherche ouverte et recherche « fermée » – cette dernière intervenant après épuisement des capacités de la recherche ouverte. Stratégiquement, nous sommes une puissance moyenne. Nous ne pouvons pas tout viser. Coordonner l'ensemble de nos capacités relève du simple bon sens.

S'ANCRER

Aujourd'hui, l'ADIT réalise 500 millions d'euros de chiffre d'affaires et compte plus de 2 300 collaborateurs. Depuis 2020, nous avons accompagné plus de 1 500 entreprises dans 150 pays. L'ADIT figure avec deux entreprises anglo-saxonnes dans le trio de tête mondial des entreprises d'intelligence stratégique. Avec l'acquisition de DCI[2], nous allons créer une plateforme intégrée d'appui stratégique et opérationnel aux entreprises et aux États sans équivalent en Europe. La multinationale du renseignement d'affaires qu'était l'ADIT devient avec l'arrivée de DCI une entreprise capable de réinventer l'influence par sa présence au cœur des appareils d'État. DCI est l'opérateur de référence du transfert des savoir-faire des armées françaises vers les pays alliés, ce qui permet une intégration particulièrement forte dans ces pays où elle est parfois présente depuis un demi-siècle. DCI est dans l'ADN profond des pays dans lesquels elle intervient et elle pourrait y devenir demain un élément clé du soft power français. Ce sont des atouts pour envisager des mécanismes de soutien au grand export dans les technologies de souveraineté et, plus largement, dans l'appui de ses clients, entreprises françaises et européennes.

La formation, les transferts de technologie, l'accompagnement d'un pays en faveur de sa sécurité peuvent être conduits autrement que par l'envoi de troupes, dont le rôle stratégique ne consiste pas à assurer un soutien à long terme à sa politique et à son économie. C'est à nous de les convaincre que l'influence que nous pouvons exercer vise à contribuer à leur développement, qu'elle répond à leur choix de prendre appui sur la France. Ne nous interdisons pas de penser que collectivement, le système français peut apporter des réponses positives, et de chercher à en convaincre nos interlocuteurs. Nos arguments sont crédibles : nous sommes partie prenante d'une société démocratique, nous n'interférons pas dans les processus politiques des pays que nous soutenons, nous ne sommes ni ne serons ni Wagner, ni les instituts Confucius.

CONSTRUIRE

La France a fait le choix de s'engager militairement et diplomatiquement en soutien à l'Ukraine. Elle exprime ainsi sa solidarité avec ce pays européen victime de destructions sans précédent depuis près d'un siècle. Il va être nécessaire de reconstruire le pays. Des centaines de milliards de dollars y seront consacrés. La France participera-t-elle à ce chantier ? Allons-nous en donner les moyens ? Nous devons en être, comme les Allemands et les Britanniques qui sont déjà à l'œuvre. Il est impératif de coordonner les actions qui permettront aux entreprises françaises de se positionner. C'est une stratégie imposant d'agir en amont pour contribuer à la mise en forme des appels d'offres, pour que les spécifications techniques et les cahiers des charges correspondent aux atouts des entreprises françaises. Il faut organiser le plaidoyer en leur faveur, surveiller les efforts des concurrents, avec pour objectif de ne pas arriver trop tard comme c'est si souvent le cas quand il s'agit de gagner de gros marchés d'infrastructure, de reconstruction, de génie civil, etc. Comment faire ? la solution existe. Il convient d'actionner les leviers dont nous disposons, de les coordonner, de séquencer leurs actions, en relation avec les ministères régaliens compétents et avec les entreprises stratégiques qui seraient les premières à venir en Ukraine.

Tout cela doit être préparé avec soin, car depuis quelques années les règles du jeu ont changé. Des lois extraterritoriales sont entrées en vigueur, des textes sur la corruption des agents publics ont modifié les approches dans les pays clients, la conformité (*compliance*) est incontournable au point d'être devenue un enjeu stratégique pour l'action commerciale internationale. Durant des décennies, les entreprises de tous les pays ont travaillé avec des intermédiaires et des agents qui représentent aujourd'hui un haut niveau de risque. Pour compenser la disparition programmée de ces intermédiaires, l'intelligence stratégique est devenue centrale pour lier tous les fils du discernement stratégique, de la géopolitique, de l'action sur le terrain, de la compréhension de l'ensemble des données disponibles et enfin d'une capacité d'action dans le champ de la lutte informationnelle. Par notre influence, nos plaidoyers, nous devons faire comprendre à nos interlocuteurs pourquoi ils doivent s'adresser en priorité aux entreprises françaises.

Cela ne s'improvise pas. Il faut être présent sur le terrain pour parler avec les entreprises locales, le gouvernement, les organisations multilatérales ou les ONG. Cela suppose de mettre en œuvre des dispositifs robustes de conformité aux lois et aux règlements pour éviter de se faire piéger par des acteurs locaux qui pourraient être tentés de détourner les fonds. On peut tabler que les États-Unis mettront en œuvre ici et là des mesures de distorsion des marchés. On peut anticiper la réduction du soutien de l'Ukraine par les États-Unis avec le retour aux affaires des Républicains. Mais on peut tenir pour acquis qu'ils maintiendront un arsenal de sanctions ciblées destiné à entraver l'expansion des entreprises non américaines, non sans viser des personnes physiques qu'ils pourraient atteindre grâce à des lois extraterritoriales. L'anticipation stratégique n'est pas une option !

EXPLIQUER

En matière d'intelligence stratégique comme dans la vie, il peut arriver que l'échec survienne. Prenant toute notre part dans la préparation d'un contrat, nous travaillons sur les dimensions technologiques, industrielles ou financières, sur la charge de travail et la valeur ajoutée locales. Pourtant, le jour du verdict, il nous arrive d'apprendre que notre proposition n'est pas retenue. Dans ce cas, ce ne sont pas les autres que nous devons incriminer, mais nous-mêmes. Qu'avons-nous manqué pour ne pas être reconnus comme les meilleurs ? Avons-nous suffisamment pris en considération les matrices culturelles ou la dimension géostratégique du dossier ? Pourquoi avions-nous perçu des feux tendrement verts, alors qu'ils ne l'étaient déjà plus ? En omettant de descendre finement dans le biotope environnant notre objectif, pourquoi avons-nous négligé ces signaux faibles qui auraient dû davantage attirer notre attention ? Les grands contrats suscitent toujours des réserves, souvent exprimées dès le départ. Les avons-nous entendues et surtout, comprises ? Avons-nous suffisamment écouté les arguments des opposants, pour lever les doutes, susciter l'adhésion, contribuer à construire une opinion consensuelle, et dans les meilleurs des cas, un élan général et unanime du pays ?

Il peut arriver aux meilleurs d'échouer. Mais comme le sportif préparant les Jeux olympiques, nous devons à chaque fois penser que c'est l'épreuve de notre vie. Mettre absolument tous les atouts de notre côté. Y compris s'il faut pour cela convaincre la terre entière de la qualité du dossier de notre client. Nous savons recueillir et analyser l'information au plus près du terrain. Nous savons pratiquer le plaidoyer en approchant les sphères politiques, les médias, le tissu social profond. Nous savons mettre en avant un argumentaire économique, politique et stratégique auprès de l'ensemble des acteurs, car nous savons qu'une victoire économique et commerciale doit toujours prendre en considération les contingences d'un environnement global. L'intelligence stratégique se construit patiemment.

Philippe Caduc

---

1. Agence pour la diffusion de l'information technologique, crée par décret en 1992 et transformée en S.A. depuis 2003.
2. Défense conseil international, crée en 2000, opérateur du transfert des savoir-faire du ministère des Armées au profit des pays partenaires de la France.

Quelle est la recette de votre délicieuse blanquette ?
Secret défense.
XG.

SOMMAIRE

À noter : les textes d'introduction de chaque article sont rédigés par l'éditeur.

3. CONTRE-CHAMPS

4. LES NOUVELLES FRONTIÈRES DU RISQUE

5. LE RÉEL ET L'IMAGINAIRE

Dessins de Xavier Gorce

AVANT-PROPOS

UNE BRÈVE HISTOIRE DE L'INTELLIGENCE STRATÉGIQUE

Parce que les débits s'améliorent, parce que les objets connectés se multiplient, que la moindre de nos navigations sur internet est identifiée et archivée et que, même en veille, notre smartphone se connecte plusieurs fois par jour aux serveurs de Google, nous vivons dans un océan de données qui ne cesse de s'étendre. Il avoisinerait les 180 zettaoctets en 2025. Le nombre est si astronomique (180 mille milliards de gigaoctets) qu'il est impossible de se le représenter.
Toutes les « données » cependant ne sont pas des « informations ». Et toutes les « informations » ne sont pas des « renseignements ». Recueillir, sécuriser, interpréter et valoriser l'information au service d'objectifs de nature stratégique exige donc aujourd'hui un travail plus ardu que jamais. Travail qui remonte aux prémices de notre civilisation, qui n'a pas toujours dit son nom et n'a cessé néanmoins d'évoluer au fil des bouleversements géopolitiques, économiques et commerciaux.

PROTÉGER SES SECRETS

La curiosité n'étant pas la qualité la moins partagée, les détenteurs de tour-de-main, techniques et savoir-faire uniques ont toujours cherché à préserver leurs secrets. Les Chinois, qui ne font pas exception, se savaient en possession d'une richesse convoitée : la production de la soie. Tout individu prenant le risque de dévoiler comment élever les œufs de bombyx, tuer la chrysalide ou tisser délicatement ses fils se savait condamné à une mort certaine. Jalouse comme aucun autre empire de son secret et consciente de la valeur de ses produits, la Chine se tourna malgré tout vers l'export lorsqu'elle dut renflouer ses caisses pour renforcer son armée et défendre ses frontières. On était au IIe siècle avant Jésus-Christ et les routes de la soie s'ouvraient devant une nuée de marchands et d'explorateurs, dont nous reparlerons.

Si l'astuce, la ruse, le stratagème et la dissimulation, incarnée par l'océanide Mètis, n'étaient pas toujours très bien vus chez les Grecs, c'est du côté des Phéniciens qu'il faut trouver ces efforts pour préserver les savoir-faire. Ces derniers installèrent des comptoirs sur le pourtour de la Méditerranée et se regroupèrent en confréries pour protéger leurs secrets des envieux. Melqart, le dieu fondateur de Tyr, étant également protecteur des marchands, c'est au sein de ses temples qu'ils se réunissaient et s'échangeaient de précieuses informations.

Quoi de mieux d'ailleurs qu'un commerçant pour glaner des renseignements – voire en voler ? Les Romains ne s'y trompaient pas dont les informateurs sillonnaient des routes de plus en plus lointaines. Quant aux aristocrates, ils entretenaient leurs propres réseaux, où se côtoyaient militaires, esclaves et agents de toutes sortes. C'est avec l'Orient que leurs échanges étaient les plus fructueux. Au Xe siècle, une cité comme Bagdad atteignait son apogée.

Ses contacts étaient multiples, y compris avec des peuples aux mœurs moins raffinées tels que les nomades écumant l'Asie centrale. Le prosélytisme religieux légitimait ces approches qui ne manquaient pas néanmoins de s'intéresser aussi au nombre de chevaux, de moutons ou de peaux : zibeline, hermine, vison, renard, martre, castor... les routes de la soie se doublaient alors de routes des fourrures.

La recherche d'informations animait pareillement les hommes du Nord : se nourrissant dès l'enfance de récits où l'action clandestine faite de travestissements, de reconnaissances et de captures de messagers permettait d'obtenir des renseignements, les Vikings ne menaient aucun raid sans avoir recueilli grâce à leurs espions ces indications si propices à l'effet de surprise.

AU SERVICE DES MARCHANDS ET DES HOMMES D'AFFAIRES

Sun Tzu leur accordait lui aussi une valeur inestimable. Dans son *Art de la guerre*, corpus compilé en 1078, il plaçait l'information au cœur de la stratégie des belligérants. Mieux l'adversaire était connu et plus les chances croissaient ; la guerre pouvait ainsi se gagner sans combattre.

Dans l'Europe du Moyen Âge, les espions servaient des intérêts multiples. Il était difficile de démêler ce qui ressortait d'une volonté politique et ce qui renvoyait à des considérations pécuniaires. D'autant que, « dans les cités États italiennes, [...] le noble guerroie, tout en dirigeant la cité et en commerçant avec l'extérieur. Parfois, le marchand, qui n'est pas forcément un noble, porte l'épée et dirige les affaires de la cité. »

Les biens circulaient d'est en ouest et du nord au sud. Un Florentin achetait, pour la retravailler, de la toile au Flamand, qui avait lui-même acheté sa laine au Londonien. Les jeunes gens de la bonne société toscane ou vénitienne faisaient leurs armes en voyageant et devenaient pour un temps informateurs ou commissionnaires. Si les récits littéraires n'étaient pas leur fort, contrairement à un Marco Polo chez qui « le désir d'étonner l'emporte sur la volonté d'informer », les correspondances se révélaient denses et fréquentes. Elles devinrent même cruciales lorsque le capitalisme, ou tout du moins une forme d'autonomisation de l'investissement par rapport à la tutelle institutionnelle, se développa : les engagements à moyen terme des hommes d'affaires ne valaient que s'ils étaient fondés sur des renseignements fiables et privilégiés. Tout pouvait alors être utile, des fluctuations de la mode à la situation de l'offre, de l'évolution des taux de changes aux rotations des navires ; des bulletins s'en faisaient publiquement l'écho plusieurs fois par an. Quant aux pratiques plus discrètes des espions, elles étaient malgré tout consignées dans des « offices des lettres des envoyés et des espions » qui listaient leurs salaires ou leurs comptes rendus de missions. Enfin, pour qui voulait étendre sa sphère d'influence commerciale, rien n'était plus précieux que les cartes et portulans ; ils devinrent donc l'objet d'une convoitise intense au même titre que les livres de bord. Peu à peu, la surenchère à laquelle se livrèrent les cités États italiennes façonna les contours de l'intelligence stratégique.

Mais les Vénitiens, les Florentins ou les Génois avaient de la concurrence : plus au nord, la Hanse déployait ses propres comptoirs qui, eux aussi, entretenaient une riche correspondance. Cette association de villes commerciales d'Allemagne et d'Europe du Nord se radicalisa lorsque la compétition s'intensifia et, bientôt, les négociants étrangers qui désiraient acquérir des cargaisons destinées aux cités de la ligue ou qui tentaient d'apprendre une langue slave afin de contourner l'intermédiaire hanséatique, furent identifiés et vertement tancés.

Les Britanniques enfin n'étaient pas en reste, et organisait un réseau de renseignement sur le continent remontant jusqu'à la reine Élisabeth I. Réseau si efficace que l'ambassadeur de France osa affirmer à Henri IV : « Elle sait tout. »

LES EMPIRES ET L'OUVERTURE SUR LE MONDE

À l'époque toutefois, le centre des attentions commerciales avait déjà quitté l'Europe : Colomb avait ouvert la voie des Amériques et Vasco de Gama celle des Indes. Adoubés par la papauté, le Portugal et l'Espagne s'octroyèrent la part du lion. À la traîne face aux puissances catholiques, l'Angleterre forgea alors de toutes pièces l'histoire d'un prince gallois, un certain Madoc Owen Gwyneth, qui aurait mis pieds sur le Nouveau Monde dès 1170. Peut-être une des premières actions officielles d'influence dans le but de revendiquer une portion de ces terres nouvelles.

L'information quant à elle circulait abondamment : dès le début du XVIe siècle, les exploits des navigateurs étaient traduits dans toute l'Europe : le *Mundus Novus* d'Amerigo Vespucci et, plus tard, l'*Itinerario* de Jan Huygen van Linschoten furent édités à de multiples reprises. En Espagne, Philippe II exigeait que tous les capitaines de navire documentassent quotidiennement leur périple.

Les positions établies se défendaient chèrement. Les Vénitiens ne voyant pas d'un bon œil les ambitions du roi portugais Dom Manuel de faire du Portugal la plaque tournante du commerce des épices, ils sommèrent leurs ambassadeurs de se mettre au renseignement économique. Les espions s'introduisaient en cour et arpentaient les ports : tonnage des bateaux, nombre d'hommes d'équipage, produits des cargaisons, qualité des épices, prix d'achat et de vente, réaction des Maures, des souverains et des marchands indigènes... Il fallait tout prendre en compte.

Conscients du risque de fuite, les Pays-Bas, en créant en 1602 la Compagnie néerlandaise des Indes orientales (deux ans après la fondation à Londres de la Compagnie des Indes orientales), interdirent toute forme de publication à ses employés. Ces grandes institutions devinrent les bras armés de leur pays dans la conquête de nouveaux territoires et de nouvelles richesses. Elles participèrent également de la naissance d'un « marché » économique mondial et accentuèrent l'importance de l'information comme premier atout concurrentiel.

EXTENSION DU DOMAINE DU CAPITALISME

Les capitaux allant et venant, les banques d'affaires s'efforcèrent, elles aussi, de bénéficier d'une information aussi fraîche et fiable que possible. Mais des territoires entiers restaient encore à couvrir. À Londres, Lord Ellenborough ne pouvait plus tolérer qu'un espace inconnu séparât les possessions britanniques de la zone d'influence russe ; il fallait cartographier les voies d'accès. Officiers, agents politiques, explorateurs et topographes furent envoyés sur le terrain. C'est au lieutenant Arthur Conolly du sixième régiment de cavalerie indigène légère du Bengale, de retour d'une mission d'exploration entre le Caucase et la passe de Khyber (Pakistan), que l'on doit, dans une lettre écrite en 1831, l'expression « le Grand Jeu ». Les rivalités au cœur du Moyen-Orient et de l'Asie centrale, où s'entrelaçaient intérêts privés et impératifs géopolitiques, se prolongèrent jusqu'à la ruée vers l'or noir quand, en 1901, William Knox d'Arcy mit la main sur une concession perse – qui se révélera une des plus riches en pétrole brut de la planète – au nez et à la barbe des Russes.

En ce XIXe siècle, le capitalisme était en plein essor. Les investissements traversaient les continents. Le succès de ces entreprises, telles la Jardine, Matheson & Co. (1832), se fondait déjà sur « la circulation de l'information, son interprétation, sa capacité à influencer son environnement et à attirer et fidéliser ses partenaires commerciaux ».

Depuis longtemps, à l'instar de leurs chambres de commerce, les Français s'intéressaient aux développements industriels et commerciaux outre-Manche sans que leurs dirigeants ne prissent vraiment conscience de l'écart entre les deux nations. Eugène-François Vidocq, le célèbre policier, fonda dès 1833 l'ancêtre des sociétés d'intelligence économique, le Bureau des renseignements dans l'intérêt du commerce (qui deviendra Bureau des renseignements universels). Il compta jusqu'à 20 000 clients. Une tendance était lancée : en 1913, Paris regroupait encore une cinquantaine de ces agences.

HARD POWER ET SOFT POWER

Il fallut attendre la fin du XIXe siècle pour que le gouvernement français entérinât un soutien franc à ses industriels en créant, en 1894, l'Office national du commerce extérieur avec la mission de « fournir aux industriels et négociants français les renseignements commerciaux de toute nature pouvant concourir au développement du commerce extérieur et à l'extension de ses débouchés dans les pays étrangers, les colonies françaises et les pays de protectorat ».

C'était l'époque où les tensions se multipliaient entre puissances européennes. En 1915, Siegfried Herzog publiait un Plan de guerre commerciale de l'Allemagne où il prônait un effort massif de documentation, d'information et de renseignement économique et commercial. La même année, l'État-major des armées françaises, à l'instigation de Jean Tannery, montait la Section du contrôle télégraphique, organe d'espionnage économique qui lui permettrait ensuite de créer, avec les Alliés, le Bureau central interallié. Celui-ci traita, entre octobre 1915 et avril 1916, la bagatelle de 9 477 documents. Pour Jean Tannery, il s'agissait de préparer l'après-guerre afin de pouvoir rivaliser commercialement avec les Britanniques ; malheureusement, à l'issue du conflit, le gouvernement sembla incapable d'exploiter ce savoir-faire acquis en matière d'intelligence économique et la section fut démantelée.

À l'inverse, au sortir de la Seconde Guerre mondiale, les États-Unis mirent tout en œuvre pour faciliter la circulation de l'information au service de la recherche avec, par exemple, la création en 1950 de la National Science Foundation. Le Japon, de son côté, fonda le Japan External Trade Organization en 1958, qui s'implanta dans le monde entier afin de recueillir informations économiques, scientifiques et technologiques au bénéfice des entreprises nipponnes – leurs cadres étant d'ailleurs formés à la collecte d'informations et à l'espionnage économique. La multinationale Hitachi fut ainsi prise sur le fait par le FBI et contrainte de verser 300 millions de dollars de dédommagement après avoir tenté de s'emparer des secrets de fabrication d'IBM.

En 1967, Harold Wilensky avait publié le premier ouvrage mentionnant le concept d'intelligence économique, *Organizational Intelligence: Knowledge and Policy in Government and Industry*. Elle y était envisagée comme l'ensemble des stratégies collectives et des coopérations entre gouvernements et entreprises dans la production d'une connaissance commune pour la défense de l'avantage concurrentiel. À sa suite, Igor Ansoff en 1975 et Michael Porter en 1986 enrichirent la notion et, dès les années 1990, la CIA consacrait ouvertement les deux tiers de son budget à la recherche d'informations économiques, pour un travail d'intelligence qui avait fait sa mue technologique, avec l'avènement de l'informatique, et sa mue idéologique, en organisant sa coopération avec le privé.

LA FRANCE ENFIN AU DIAPASON ?

Ce n'est qu'en 1994 que la France prit toute la mesure de l'intelligence stratégique avec la publication, par le Commissariat général du Plan, du rapport Intelligence économique et stratégie des entreprises, alias rapport Martre. Malheureusement, par la faute d'une centralisation trop forte et d'un mauvais positionnement administratif, ses effets se firent attendre. La même année cependant naissait la Fédération des professionnels de l'intelligence économique (Fépie). Et, presque dix ans plus tard, en 2003, le rapport « Intelligence économique, compétitivité et cohésion sociale » du député Bernard Carayon donnait un second souffle au sujet.

Sa nécessité a crû à mesure que notre monde s'est complexifié. L'enjeu n'a plus été tant de recueillir des informations que de savoir vers où tourner le regard. En 2010, tous les spécialistes furent pris par surprise lorsque Pékin décida d'un embargo sur un grand nombre de métaux rares vitaux pour nos technologies numériques. Pourquoi les instances de renseignement du monde entier n'ont-elles pas vu venir l'événement ? Bien interpréter les signaux faibles sur un marché opaque, sans cours officiels, où toute transaction se négocie de gré à gré, est un art très mal partagé.

En multipliant les sources et les contenus d'information, les espaces numériques et les réseaux sociaux ont également ouvert la boîte de Pandore des *fake news* ; en permettant au quidam de rédiger des textes en quelques clics, l'intelligence artificielle générative promet d'inonder le web en noyant la donnée pertinente. Les frontières entre le vrai, le vraisemblable et le faux ou entre le possible, le potentiel et l'improbable n'ont jamais été aussi ténues. Les règles de ce grand jeu là ne sont pas encore écrites.

Philippe Caduc

Quelle heure avez-vous ?
Ça dépend : Paris, Moscou Washington, Pékin ?
KG.

1

Géopolitique : comprendre un monde complexe

L'INTELLIGENCE STRATÉGIQUE ET LES SURPRISES STRATÉGIQUES

Alors que les acteurs économiques, plus encore peut-être que les États, ont besoin de stabilité pour jouer leur rôle de créateurs de valeur, l'instabilité est une donnée permanente, et les ruptures d'équilibres récurrentes, explique Jean-Yves Le Drian. Pour l'ancien ministre de la Défense puis des Affaires étrangères, une nouvelle séquence s'est ouverte au tournant des années 2020, redistribuant les cartes des alliances, des évolutions qui appellent plus que jamais au recours à des capacités « d'intelligence stratégique » : États, acteurs publics et acteurs économiques doivent engager des efforts majeurs pour discerner les tendances qui vont véritablement façonner l'avenir à court et moyen ou long terme. Les surprises stratégiques sont beaucoup plus rares que les accélérations de tendance de fond, signalées par des « signaux faibles » : c'est précisément le rôle de l'intelligence stratégique de savoir les détecter.

Nul ne peut en douter aujourd'hui : nous sommes entrés depuis quelques années dans une ère de basculement stratégique, dont les caractéristiques affectent ou renversent de nombreuses données de l'ordre international considérées comme acquises depuis la fin de la Deuxième Guerre mondiale. Au milieu de ces bouleversements, plus que jamais, le besoin d'intelligence, de compréhension stratégique est ressenti, pour éclairer l'action tant des États que des acteurs économiques.

Une cascade d'événements de dimension ou conséquences planétaires est en effet venue miner puis remettre en cause frontalement les principes qui gouvernaient la paix et la croissance mondiale : prééminence du règlement pacifique des différends, maintien de la paix, respect des frontières et des traités, souveraineté des États, valorisation de l'État de droit, liberté des échanges économiques, pour n'en citer que quelques-uns.

Alors que les acteurs économiques, plus encore peut-être que les États, ont besoin de stabilité pour jouer leur rôle de créateurs de valeur, l'instabilité est devenue une donnée permanente et les ruptures d'équilibres un fait paradoxalement récurrent à intervalles rapprochés.

Une séquence s'est ouverte au tournant de la décennie 2020, venue cristalliser des évolutions latentes jusque-là ou mettre en évidence sous nos yeux une redistribution des cartes de la puissance et des alliances parfois inattendues à ce degré, avec des conséquences considérables pour l'Occident, l'Eurasie, et ce qu'on appelle aujourd'hui le « Sud global ».

Pour ne citer que quelques ferments de cette révolution :

• l'urgence climatique s'est imposée dans cette dernière décennie, en quelques années comme l'affaire de toute une génération, avec de nouvelles instances mondiales pour la prendre en main (COP 28, à Dubaï, 80 000 participants) ;

Il s'agit de faire
de vous des hommes
prêts à affronter
ce qui n'a jamais été.

Paul Valéry

• BRICS+ : la montée en croissance des puissances économiques naguère émergentes s'affirme aussi dans des regroupements politiques « contre » (l'ordre occidental) plus que « pour » (un projet commun de nouvel ordre international) ;

• les ravages d'une guerre de conquête d'un autre temps ont ressurgi en Europe centrale, doublés d'une vision révisionniste portée par un régime russe qui peut s'appuyer sur le consentement tacite ou explicite d'une large part de la société russe ;

• l'avènement public de l'intelligence artificielle générative va bouleverser la vie économique et sociale et poser de redoutables défis, à l'échelle planétaire là aussi, sans que les sociétés et la communauté internationales y soient vraiment préparées.

À elles seules, ces évolutions ou révolutions appellent plus que jamais le recours à des capacités d'« intelligence stratégique », au sens où des efforts majeurs doivent être prononcés par les États, les acteurs publics plus largement et les acteurs économiques pour discerner les tendances qui vont véritablement façonner l'avenir à court et moyen ou long terme.

À cet égard, je relève que ce qu'on appelle les « surprises stratégiques » est un phénomène beaucoup plus rare que les accélérations de tendances de fond, qui sont signalées par de multiples « signaux faibles », pour ceux qui savent les repérer, ce qui est précisément le métier de l'intelligence stratégique. À dire vrai, à regarder le passé depuis le début de ce siècle je n'en vois guère que deux :

• Les attentats du 11-Septembre, première manifestation de l'hyper-terrorisme faisant brutalement irruption au cœur même des États-Unis et frappant des symboles de sa puissance – source d'un bouleversement stratégique dans la lutte mondiale contre le terrorisme.

• La pandémie mondiale de Covid-19, alors même que les pandémies pouvaient faire partie des scénarios de risques dans les prévisions sécuritaires. Mais bien peu avaient pu envisager la paralysie globale des échanges et de l'économie qui s'en est ensuivie.

La surprise est inévitable, spécialement en période de bouleversement, mais on peut s'y préparer, et c'est en l'anticipant le plus possible que l'on peut y répondre et limiter le risque d'occurrence et, si elle survient malgré tout, qu'on en contienne les effets et la portée.

La tentative d'invasion de l'Ukraine n'était pas imprévisible au sens strict, même si elle a beaucoup surpris, surtout les optimistes. Elle fut même annoncée à l'avance, fait rarissime, par la mise en public des conclusions du renseignement américain plusieurs mois avant la date fatidique. En revanche, quasiment personne n'avait prédit, ni en Occident, ni en Russie ni ailleurs, la véritable surprise que furent la résistance ukrainienne et la levée en masse de tout un peuple contre l'agresseur russe.

Certaines évolutions peuvent être analysées à l'avance, sans pour autant qu'il soit possible d'en prévoir tous les développements, sans qu'elles soient, aussi, véritablement anticipées, ni préparées avant de se produire. La juxtaposition des grandes tendances et leur enchevêtrement avec des événements par nature imprévisibles montrent à la fois la nécessité de l'analyse prospective et de l'anticipation, et bien sûr les difficultés auxquelles elles sont confrontées. Ainsi, peu d'analystes avaient anticipé le phénomène qui est résulté de la résistance ukrainienne à l'invasion et qui est sans précédent dans la géopolitique des dernières décennies : l'affirmation d'une alliance militaire entre la Russie, l'Iran et la Corée du Nord, avec la jonction de ce fait, inédite, entre les théâtres (au sens politique et militaire) européen, moyen-oriental et asiatique. Le tout sous l'œil au minimum tolérant de la Chine.

Le changement de rythme que nous vivons dans cette phase d'accélération historique rend d'autant plus difficile la compréhension de notre environnement stratégique, tandis que l'interconnexion des hommes et des choses ne cesse de s'accroître, entraînant une mondialisation des grands sujets pour le développement de l'humanité, comme malheureusement de la violence sous ses diverses formes. La diffusion des fausses et vraies informations est devenue fulgurante. L'échelle de temps a changé et il faut donc mettre en place des dispositifs de prévision et d'interprétation et des processus d'action à très forte réactivité.

De ma double expérience ministérielle, je retiens trois caractéristiques. Tout d'abord, les acteurs majeurs sont beaucoup plus imprévisibles qu'hier. Cela vaut pour les grandes démocraties ; à la limite, je dirais même que les démocraties sont devenues imprévisibles au moment même où les régimes dictatoriaux ou « illibéraux » ont présenté à l'inverse une prévisibilité, souvent négative, plus aisée. Par conséquent, le système international est plus hétérogène, plus instable qu'à aucun moment depuis 1990 et la fin de la guerre froide.

Ensuite, notre environnement, à nous Français et Européens, est devenu nettement plus dangereux. La guerre la plus barbare est revenue au centre de l'Europe. Ses motivations et ressort sont incontestablement une menace directe et de long terme, au-delà de l'Ukraine, pour toute l'Europe. Et cela au moment où les mécanismes de maintien de la paix et de l'État de droit international sont contestés plus que jamais depuis la fin de la Deuxième Guerre mondiale.

Enfin, alors que l'ordre international hérité justement de ce deuxième conflit mondial et prolongé dans les années 1990 après la chute de l'Union soviétique est sapé dans ses fondements mêmes : aucune organisation de substitution ne s'impose clairement, ce qui ouvre une période d'instabilité, voire de chaos international comme le monde n'en a sans doute pas connu depuis les dangereuses années 1930.

Nous, Européens, renouons avec des situations que décrivait déjà Paul Valéry avant la Seconde Guerre mondiale dans *Regards sur le monde actuel* : « Nous nous trouvons désormais dans la situation d'un joueur qui s'apercevrait avec stupeur que la main de son partenaire lui donne des figures jamais vues et que les règles du jeu sont modifiées à chaque coup. »

Nous ne serions donc pas responsables, aujourd'hui, si, d'une part, nous ne mettions pas tout en œuvre pour tirer toutes les leçons de la transformation accélérée de notre environnement stratégique, ce doit être le fruit de cette « intelligence stratégique » que cet ouvrage veut promouvoir, et si, d'autre part, ne nous préparions pas, autant que possible évidemment, à de nouvelles « surprises stratégiques ».

Je rappelle à cet égard que, depuis des années, nous envisageons la possibilité d'attaques surprise informatiques majeures, pouvant même provenir d'acteurs privés, ou d'acteurs privés utilisés comme truchements, ce qui renforcerait encore la surprise et rendrait plus délicate l'attribution de l'attaque. Cette donnée est une dimension incontournable de toute politique de sécurité nationale aujourd'hui, comme de celle des grandes entreprises vitales pour nos pays.

Face à l'incertitude, il s'agit en en outre d'être capable d'allier des qualités de résilience, de souplesse et de robustesse. Réagir aux crises en temps réel, mais aussi préparer l'avenir en améliorant notre capacité d'adaptation et notre réactivité.

J'ajouterai de ce fait deux instruments majeurs à promouvoir en priorité dans ce temps de basculement stratégique :

• l'éducation stratégique est une nécessité, et qui devrait sans doute être valorisée davantage dans toutes les écoles et universités ;

• l'innovation et la valorisation de la recherche restent des clés de l'indépendance et de la puissance.

Il est donc indispensable à mes yeux, outre le renouvellement de fond en comble de notre vision de l'environnement et de l'ordre mondial, d'y consacrer les ressources nécessaires. Cela vaut aussi, à l'évidence, pour notre investissement dans la Défense, dont les données sont profondément modifiées par les évolutions auxquelles je me suis référé.

L'heure est certainement à la mobilisation de nos intelligences individuelles et plus encore notre intelligence collective au service de la République. Et comme le souligne Marc Bloch, l'universitaire combattant des deux guerres mondiales, dans *L'Étrange défaite*, l'intelligence et les ressources ne sont rien sans la volonté. Ici se rejoignent l'histoire, la politique, au sens le plus noble, et l'éthique.

Jean-Yves Le Drian

L'INTELLIGENCE STRATÉGIQUE PLUS QUE JAMAIS ESSENTIELLE EN POLITIQUE ÉTRANGÈRE

Jean-David Levitte, ancien ambassadeur de France aux États-Unis, conseiller diplomatique des présidents Chirac et Sarkozy, s'interroge sur l'intelligence stratégique en politique étrangère. Il illustre ce savoir-faire permettant d'identifier les risques à éviter et les opportunités par deux exemples aux États-Unis, la réussite de la coalition contre l'invasion du Koweït par Saddam Hussein en 1990 et l'erreur géostratégique de la guerre en Irak en 2003. Un échec de l'intelligence stratégique américaine dont l'Irak et l'ensemble du Moyen-Orient payent toujours le prix plus de vingt ans plus tard. Aujourd'hui, le monde entier subit les conséquences d'une autre erreur stratégique, cette fois au sommet de l'État russe. En 2022, Vladimir Poutine pensait remporter la victoire en quelques heures en Ukraine, mais c'est au contraire une guerre longue aux conséquences globales qui se poursuit.

Qu'est-ce que l'intelligence stratégique en politique étrangère ? Pour l'écrire très simplement : elle recouvre le savoir-faire permettant de procéder à l'identification des risques à éviter et des opportunités à saisir. Pour en mesurer l'importance, deux exemples aux États-Unis s'imposent dans mon esprit.

Le premier exemple est celui d'une réussite exemplaire : la coalition organisée par le Président Bush (père) au lendemain de l'invasion du Koweït par l'Irak de Saddam Hussein, en août 1990. Après des négociations infructueuses avec Bagdad et plusieurs résolutions du Conseil de sécurité exigeant en vain le retrait des troupes irakiennes, Washington organisa une coalition internationale de 35 États sous commandement américain et mandatée par l'ONU. Le Président Bush (père) obtint la participation active de neuf pays arabes (notamment l'Arabie saoudite, l'Égypte, la Syrie...) et bien sûr de la France, avec 12 500 hommes.

La victoire fut rapide et totale, et c'est à ce moment que le Président américain prit sa décision la plus remarquable : malgré les pressions qui s'exerçaient sur lui pour que les troupes victorieuses de la coalition franchissent la frontière et foncent sur Bagdad pour en chasser Saddam Hussein, il refusa et exigea que le mandat reçu de l'ONU (libérer le Koweït) soit strictement respecté. La frontière ne serait pas franchie. Il faut dire que le Président avait une excellente intelligence stratégique du monde : il fut ambassadeur à l'ONU, ambassadeur en Chine, directeur de la CIA, avant d'être vice-président puis président des États-Unis. Il savait que le franchissement de la frontière provoquerait l'éclatement de la coalition et contraindrait les États-Unis à devoir gérer l'Irak. Il en mesurait tous les risques, à un moment (celui de la fin de l'empire soviétique) où les priorités américaines étaient en Europe. L'intelligence stratégique le guida vers une décision sage !

Mon second exemple porte, à l'inverse, sur la pire erreur géostratégique commise par les États-Unis, il y a vingt ans. En mars 2003, le Président Bush (fils) décida de lancer son pays, sans l'accord du Conseil de sécurité, dans la guerre en Irak.

Alors ambassadeur à Washington, sur instruction du Président Chirac, il me revint de multiplier, pendant les premières semaines de 2003, les démarches auprès de la Maison-Blanche, du Pentagone et du Département d'État pour comparer les informations dont nous disposions sur les « programmes d'armement secrets » de Saddam Hussein. Le Pentagone nous assurait que le dictateur irakien avait relancé son programme nucléaire militaire et produisait des armes chimiques dans des « laboratoires sur roulettes » (des camions) en violation des résolutions du Conseil de sécurité. Nous répondions que nous n'avions pas ces informations mais, puisque les inspecteurs des Nations unies (dont la moitié était des Américains) étaient déployés dans tout le pays, il fallait les laisser conduire leurs investigations.

À l'approche de la date fatale du début de l'invasion américaine, les échanges franco-américains au plus haut niveau ont porté sur les conséquences d'une victoire des États-Unis. Pour Washington, cette victoire installerait la démocratie en Irak et, « de proche en proche, elle gagnerait les autres pays du Moyen-Orient. La paix entre Israéliens et Palestiniens en serait même facilitée » !

Le Président Chirac, qui avait une connaissance approfondie de la région, donna en réponse une magistrale leçon d'intelligence stratégique à son interlocuteur : il expliqua au Président Bush (fils) qu'après une victoire des armées américaines, dont il ne doutait pas, viendrait le temps de difficultés insurmontables : la volonté américaine d'organiser des élections réellement démocratiques en Irak donnerait nécessairement le pouvoir à la majorité chiite, proche de l'Iran. Les sunnites, minoritaires mais qui avaient toujours gouverné le pays et constituaient l'essentiel des forces armées et de la police, basculeraient dans l'opposition, avec leurs armes. Et la minorité kurde dans le Nord en profiterait pour réclamer l'indépendance en lien avec les Kurdes de Syrie.

C'est, hélas, exactement ce qui s'est passé et, vingt ans plus tard, l'Irak et tout le Moyen-Orient paient encore le prix de cette erreur funeste de l'intelligence stratégique américaine.

Aujourd'hui, c'est le monde entier qui subit les conséquences d'une autre grave erreur de l'intelligence stratégique, cette fois-ci au sommet de l'État russe. En août 2008 déjà, lors de l'invasion de la Géorgie, j'avais été témoin, aux côtés du Président Sarkozy, de l'obsession de Poutine d'être le digne héritier de Catherine II et de Staline en reconstituant l'Empire russe. Plusieurs heures de discussion à Moscou avaient néanmoins permis au chef de l'État français de convaincre le Président russe de retirer avant la fin d'octobre 2008 les troupes russes qui avaient envahi la Géorgie en août. Ce qui fut fait.

Mais l'obsession de Poutine ne fit que s'aggraver au fil des années, en se concentrant sur l'Ukraine à partir de 2014. Le Président Hollande prit l'heureuse initiative d'une structure de dialogue à quatre (Russie, Ukraine, France et Allemagne, dite « format Normandie »), mais elle ne put déboucher sur aucune solution.

Et le 24 février 2022, la guerre ressurgit. Tout devait en principe se jouer en quelques heures : les commandos russes devaient s'emparer de l'aéroport proche de la capitale, foncer sur le palais présidentiel et remplacer le Président Zelenski par un proche de Poutine, tandis qu'une colonne de chars russes descendait de Biélorussie pour un défilé de la victoire à Kiev. Grâce au renseignement américain, l'opération russe fut un échec cuisant, débouchant sur une guerre longue, très meurtrière, aux conséquences globales.

Aujourd'hui, c'est tout le paysage stratégique qu'il faut revoir dans le contexte géopolitique transformé par les conséquences durables au Moyen-Orient de la guerre en Irak, celles de la guerre en Ukraine en Europe et bien au-delà, enfin celles de la nouvelle guerre froide qui oppose les deux premières puissances mondiales : les États-Unis et la Chine.

Les ressources de l'intelligence stratégique doivent, en particulier, mesurer les conséquences pour la France et pour l'Europe, de la renaissance d'un mouvement non aligné qui refuse de choisir entre l'Occident et la Chine ou la Russie. Un moment très révélateur de cette nouvelle donne est intervenu le 2 mars 2022, à l'Assemblée générale des Nations unies, avec le vote d'une résolution condamnant l'agression russe en Ukraine. Certes, 141 pays se prononcèrent en faveur de ce texte. Mais comment ne pas relever que, parmi les 45 pays qui s'abstinrent ou ne participèrent pas au scrutin, figurent la Chine, l'Inde, le Vietnam, l'Éthiopie, l'Afrique du Sud, l'Algérie, le Cameroun, le Congo, le Gabon, le Togo, la Guinée, le Sénégal...

Comprendre les raisons et évaluer les conséquences de l'affirmation de ce « Sud global » est un défi majeur pour les autorités françaises et européennes.

Cela est d'autant plus important qu'à ce contexte géopolitique en voie de fragmentation s'oppose la gestion nécessairement globale des crises de notre siècle, à commencer par le réchauffement climatique et ses conséquences. Plus que jamais, l'intelligence stratégique est essentielle !

Jean-David Levitte

APPRENDRE À VIVRE AVEC UNE ÉPÉE DE DAMOCLÈS, L'INCERTITUDE STRATÉGIQUE

Questionner les grands mouvements tectoniques qui de façon souterraine façonnent et remodèlent l'espace géopolitique et déterminent les fondements et les formes de guerre à venir, tel est le propos du général d'armée Didier Castres, qui a géré pendant une dizaine d'années de nombreuses crises impliquant les armées. Il montre que peu d'époques n'auront rendu aussi indispensables la maîtrise, le recours et la pratique de l'intelligence stratégique pour l'humanité, les États et leurs intérêts, les groupes sociaux et leur avenir, les entreprises et leurs enjeux économiques et industriels. Il souligne que nous devons désormais apprendre à vivre et à penser notre avenir avec une épée de Damoclès d'incertitude stratégique constante au-dessus de la tête.
Une incertitude qui doit être le détonateur et le carburant d'une réflexion désinhibée, mais aussi nous préparer à l'explosion sans signaux annonciateurs dans ce nouveau Far West des relations internationales.

Et lorsque l'Agneau eut ouvert le second sceau, j'entendis le second animal qui disait : « Viens, et vois ». Et il sortit un autre cheval, rouge feu. Et celui assis sur lui, il reçut le pouvoir de bannir la paix de la Terre, et de faire que les hommes s'entretuassent les uns les autres; et il lui fut donné une grande épée.

Apocalypse de saint Jean, chapitre VI, verset 4.

Cet extrait du *Nouveau Testament* décrit bien sûr le deuxième cavalier de l'Apocalypse, celui qui symbolise la guerre et doit semer la désolation sur Terre. Contrairement aux récents et stridents cris d'orfraies entendus *urbi et orbi*, la guerre n'a pas réapparu en février 2022, pas plus que l'histoire n'avait connu une fin en 1991 ! En réalité la guerre n'avait jamais disparu mais nous l'avions réduite à un enchaînement d'images abominables, quasi doloriste, mais finalement aseptisé par l'intermédiaire du filtre de nos écrans de téléphone ou de télévision ; de quoi juste nous donner des frissons mais pas plus ! Nous avions cru pouvoir également la repousser au-delà des *limes* de notre subconscient et au-delà de ce que nous considérions comme notre espace protégé de vie, d'intelligence et de civilisation. Or, la guerre est consubstantielle de notre humanité, n'en déplaise aux utopistes les plus célèbres – les Thomas More, les Kant – ou encore aux légions de somnambules qui traversent toutes les époques avec le même aveuglement naïf quand il n'est pas coupable. Les motifs pour lesquels on la déclare n'ont toujours pas changé depuis vingt-cinq siècles si l'on en croit les textes de Lao-Tseu qui ont inspiré Sun Tsu. Ils n'ont d'ailleurs pas pris une ride : ce sont toujours la crainte, l'honneur, la haine ou l'intérêt qui en sont le terreau ; les exemples, hélas, continuent aujourd'hui d'être légion.

Toutefois, l'idée de ce propos n'est pas de s'imposer le cilice au rappel des images funestes qui défilent sur les chaînes d'information continue et de les commenter avec une fausse compassion ; d'autant moins que « la guerre est un caméléon[1] » dont l'incarnation est à chaque fois changeante : affrontement militaire bien sûr, mais aussi guerre économique, guerre culturelle, guerre sociétale, guerre écologique, guerre démographique et parfois migratoire, guerre juridique ; ce qui rend la persistance et l'intensité de notre affliction variable. Il ne s'agit pas non plus de faire, à rebours, l'apologie d'une abbaye de Thélème[2] contemporaine pour déclarer la guerre hors la loi. Aujourd'hui, il semble plus opportun et plus utile de questionner les grands mouvements tectoniques qui de façon souterraine façonnent et remodèlent l'espace géopolitique et qui, de fait, déterminent les fondements et les formes des guerres à venir. Il est probable que peu d'époques n'auront rendu aussi indispensables la maîtrise, le recours et la pratique de l'intelligence stratégique pour l'humanité, les États et leurs intérêts, les groupes sociaux et leur avenir, les entreprises et leurs enjeux économiques et industriels.

En prenant un peu de recul par rapport au brouhaha incessant, nivelant et parfois abêtissant de l'actualité médiatique, qui met quasiment à un niveau de visibilité identique le couronnement du roi Charles III, le dernier avatar de la Private Military Company (PMC) Wagner entre Rostov-sur-le-Don et Moscou, les violences urbaines dans notre pays et la litanie des plus atroces faits divers, force est de constater qu'en une quinzaine d'années, le rythme, l'intensité et l'enchaînement des crises internationales se sont considérablement accélérés, au point de faire de ces crises un état continu et non plus un état d'exception, comme le voudrait pourtant la définition de la crise. Sans chercher à se livrer à un travail d'archéologie qui se voudrait exhaustif, on peut aisément convenir des crises majeures suivantes qui ont jalonné les premières décades d'entrée dans le siècle et dont les secousses secondaires n'ont épargné aucun continent :

crise des *subprimes* en 2007, crise de l'Euro de 2010, Printemps arabes de 2011, avènement de Daech en 2013, crise des migrants et politique du fait accompli en Crimée en 2014, Brexit en 2016, Covid-19 en 2019-2020, qui a paralysé notre humanité comme un coup de baguette magique maléfique que l'on croirait tiré d'un roman de J. K. Rowling. Quant à l'invasion de l'Ukraine en 2022, aussi dramatique et aussi lourde de conséquences soit-elle, elle est finalement tout sauf une surprise stratégique, comme Hubert Védrine l'explique à merveille[3]. Mais en toute hypothèse, il est avéré que nous n'avons pas su, pas pu ou pas voulu anticiper ces crises, pas plus que nous n'avons pu nous mettre en situation de les affronter avec un minimum d'anticipation, ne serait-ce que pour en limiter les effets les plus néfastes. De ce bref coup d'œil dans le rétroviseur de notre histoire récente, je tire trois premières conclusions de portée générale, qui débordent largement du champ sécuritaire comme elles débordent assurément du champ militaire.

La première de ces conclusions est que nous devons désormais apprendre à vivre et surtout à penser notre avenir avec une épée de Damoclès d'incertitude stratégique constante au-dessus de nos têtes, bien loin des futurs dangereux mais prévisibles comme c'était le cas notamment pendant la guerre froide. À la formule de 1948 de Raymond Aaron « paix impossible, guerre improbable », il nous faut désormais substituer : « paix apparente, guerres [au pluriel] possibles ». Mais pour autant, cette incertitude ne doit pas être considérée comme une fatalité anesthésiante et nous conduire à remettre notre avenir dans les mains du hasard, dans la confiance que nous aurions de nos facultés d'adaptation ou encore de notre seule résilience. Au contraire, elle doit être le détonateur et le carburant d'une réflexion désinhibée. Il nous faut désormais imaginer sans cesse ce qui nous semble être l'invraisemblable. Il nous faut sortir de nos zones de confort intellectuel, de nos certitudes ou de nos assoupissements. Il faut vaincre cette citation prêtée à Machiavel : « L'habituel défaut de l'homme est de ne pas prévoir l'orage par beau temps. » Nous devons nous préparer à une déstandardisation des relations internationales et, partant, à une déstandardisation des crises, des rapports de puissance et de la guerre. C'est d'autant plus difficile dans des sociétés comme les nôtres qui ont érigé le principe de précaution et le refus du risque en fondements constitutionnels. Ce n'est d'ailleurs pas pour rien que quelques pays – dont la France – font appel à des auteurs de science-fiction pour imaginer des scénarios de rupture[4] que nos cultures, nos habitudes, notre routine et notre rationalité occidentale n'arrivent pas à faire émerger. Ne méprisons et n'ignorons aucun cygne noir[5], au contraire, cherchons à un prédire le plus grand nombre.

La deuxième conclusion porte sur le fait que nous devons également nous préparer à l'explosion sans signaux annonciateurs et sans préavis de crises de toute nature : économique, climatique, environnementale, sécuritaire, humanitaire, sanitaire, migratoire... et que toutes auront non seulement une conséquence sécuritaire, mais surtout – mondialisation faisant – toutes généreront une onde de choc qui sera susceptible de parcourir notre planète : l'immolation par le feu d'un jeune tunisien à Sidi Bouzaïd, en 2011, a déclenché un tsunami capable d'engloutir une demi-douzaine de pays ou de les obliger à des évolutions politiques radicales ; l'agression russe de l'Ukraine a également engendré des secousses quasi planétaires dans les domaines diplomatique, énergétique et économique : la guerre à l'Est produit de la famine au Sud, une crise énergétique à l'Ouest et de la richesse outre-Atlantique. Nous avons été happés par ces crises plus que nous avions décidé de nous y impliquer. Autant c'était une décision souveraine et volontaire que de s'engager dans la lutte contre la piraterie au large de la Somalie, d'aller en République centrafricaine (RCA) pour y faire cesser les massacres, autant la face du monde et celui de notre pays n'auraient pas été modifiés si nous avions fait un autre choix. En revanche, nous n'avions que peu d'alternatives au fait de nous engager contre Daech en Irak et en Syrie après la terrible série d'attentats qui a ensanglanté notre pays, pas plus que nous n'en avions au fait de manifester à la Russie notre ferme refus de sa barbare politique du fait accompli. Demain, nous ne choisirons plus nos crises comme nous l'avons souvent fait au cours des vingt dernières années. Nous allons passer d'une logique de « guerre de choix » à celle de « guerre d'obligation ». Et à tous ceux qui voudraient fuir cette obligation en la drapant de l'alibi du moindre mal, il convient de leur rappeler : « Politiquement, la faiblesse de l'argument du moindre mal a toujours été que ceux qui choisissent le moindre mal oublient très vite qu'ils ont choisi le mal[6] ».

Enfin, la troisième conclusion est que nous devons intégrer, bien sûr sans enthousiasme mais aussi avec une grande lucidité, le fait que les intérêts des nations et les rapports de force et de puissance sont redevenus pour une partie des acteurs de l'échiquier international les régulateurs premiers, décomplexés et privilégiés de la géopolitique. La prophétique noosphère du père Teilhard de Chardin s'éloigne et le temps de la résolution des conflits par les seules voies du dialogue et de la diplomatie n'est pas encore arrivé ou a pris du champ. Inexorablement, lorsque le multilatéralisme recule, est contourné ou est paralysé, la loi du plus fort réapparaît. En fait, dans ce nouveau Far West des relations internationales, nous observons des États qui se comportent comme des bandes, en faisant agir pour leur compte des intermédiaires, et des bandes qui se comportent comme des États ; en témoignent les agissements désinhibés de nombreux acteurs internationaux : Russie, Turquie,

Chine, milices privées, pour ne citer que ceux qui sont sous les feux de l'actualité aujourd'hui. La période actuelle est riche d'enseignements. Nous retournons en plein dialogue mélien[7] : les forts font tout ce qu'ils peuvent et les faibles endurent tout ce qu'ils doivent. Reste à définir ce qu'est la nature de la force aujourd'hui. Elle n'est évidemment pas exclusivement militaire ; ce serait trop simple. Elle conjugue aussi la culture, les normes, l'économie, la démographie, l'innovation, la jeunesse, et j'en passe sûrement. Et dans ce nouvel écosystème géopolitique, il convient de se préserver, au titre de je ne sais quel angélisme supposé supérieur, d'être des herbivores dans un monde de carnivores.

Il est possible que nous soyons, une nouvelle fois, en train de changer de phase stratégique. Nous sommes passés de l'effrayante et inhibitrice perspective de l'holocauste nucléaire inscrit dans les gènes de la guerre froide à celle des opérations de police internationale fondées sur un droit international communément admis et le leadership onusien, mais recourant essentiellement à la seule force militaire des années 2000. Nous devons désormais entrer dans la phase des stratégies intégrales, qui combinent tous les leviers, nationaux, internationaux, publics et privés de la force et de l'influence, pour atteindre nos objectifs. Ceci suppose bien sûr quelques efforts sur nous-mêmes : celui de chercher en permanence à anticiper le plus grand nombre possible de scénarios, qu'ils soient volontaires ou fortuits, qu'ils soient d'origine naturelle ou du fait de l'hégémonie d'un ou plusieurs compétiteurs stratégiques. Ensuite, d'accepter l'idée selon laquelle aujourd'hui plus aucune crise majeure n'est à la portée d'un seul département ministériel ni d'un seul pays, y compris le plus puissant actuellement. Nous devons résolument entrer dans la période de « l'inter » : interservices, interministériel, international, et bien sûr créer les ponts nécessaires entre monde public et monde privé. Apparaît alors ce qui sera le facteur de supériorité dans l'anticipation et la gestion des crises : la capacité de coordination. C'est bien autour de celui qui démontrera la plus grande capacité à coordonner le plus grand nombre de leviers que s'agrégeront les « autres ». Enfin, il faut à nouveau accepter le risque dans les prises de décisions. Un risque mesuré, un risque apprécié, mais pas un risque refusé. Sans prendre de risque, il est possible de ne pas perdre, mais je doute que l'on puisse gagner.

Peut-on se préparer à cette forme d'inconnu tout comme à la résolution de l'équation qui vient d'être posée ? Probablement pas suffisamment pour être capables d'en empêcher les conséquences les plus légères. Mais ceci replace au milieu du village la notion d'intelligence stratégique. Ceci impose de libérer les imaginations, de décloisonner les intelligences et de se lancer dans le sprint des idées. Sortir de l'imaginaire, penser l'inimaginable, voilà la lourde tâche à laquelle il faut s'atteler. Selon Antonio Gramsci : « Le vieux monde se meurt, le nouveau monde tarde à apparaître et dans ce clair-obscur surgissent les monstres. » L'intelligence stratégique n'aidera pas à accoucher plus vite du nouveau monde mais elle contribuera sans doute à estomper les clairs-obscurs et à identifier les monstres avant qu'ils ne soient au perron de notre maison.

Général Didier Castres

---

1. Carl von Clausewitz, *De la guerre*.
2. L'abbaye de Thélème est la première utopie de la littérature française décrite par François Rabelais. À Thélème règnent l'érudition, la paix, le faste et la vertu.
3. « L'Invité », TV 5 Monde, 21 février 2022, https://www.youtube.com/watch?v=FGBu17gRtHk
4. Red Team (https://redteamdefense.org).
5. Développée par le statisticien Nassim Taleb dans son essai *Le Cygne noir : la puissance de l'imprévisible*, il s'agit d'une théorie selon laquelle on appelle cygne noir un certain événement qui a une faible probabilité de survenir et qui, s'il se réalise, a des conséquences d'une portée considérable et exceptionnelle.
6. Hannah Arendt, *Responsabilité et jugement*, Payot, pp. 77-79.
7. Le Dialogue mélien, plus précisément le dialogue entre les Athéniens et les Méliens, est un débat inclus par Thucydide dans son *Histoire de la guerre du Péloponnèse*, récit du conflit opposant les puissantes cités grecques de Sparte et d'Athènes à la fin du Ve siècle av. J.-C.

DIPLOMATIE ET RENSEIGNEMENT : LES DEUX FACES D'UNE MÊME PIÈCE

Si le renseignement et la diplomatie poursuivent le même objectif et sont complémentaires, ils ne cultivent pas le même rapport au temps. Celui du renseignement est plus long que celui de la diplomatie. Qu'il soit « humain » ou technique, le renseignement ne se recueille pas d'un coup de baguette magique, relève Bernard Émié. L'ambassadeur, directeur général de la DGSE de 2017 à 2024, souligne que la culture du renseignement varie non seulement en fonction des pays et des sociétés mais dépend aussi de la compréhension des enjeux et des objectifs politiques ou économiques. Il regrette qu'elle n'ait pas été suffisamment partagée dans la société française, rappelant la réticence passée des grandes entreprises à échanger avec les services. Certaines n'avaient pas toujours pris la mesure des attaques caractérisées subies de l'extérieur. Aujourd'hui, des progrès considérables se sont produits dans les relations du monde économique avec ceux de la diplomatie et du renseignement. Une nécessité vitale alors que la guerre économique est désormais totale.

La diplomatie et le renseignement sont les deux faces d'une même pièce poursuivant le même objectif : fournir les meilleures clés de compréhension possible aux autorités, qui pourront ensuite décider en connaissance de cause.

Les circuits diplomatiques fournissent de l'information ouverte qui permet de comprendre les positions des différents interlocuteurs telles qu'ils veulent les exprimer. Ces informations sont confrontées à celles obtenues par le « renseignement fermé », pour une meilleure appréciation des situations. Dans le cas de l'intelligence économique, pour reprendre cet anglicisme, le travail d'une structure comme l'ADIT s'appuie sur une « intelligence ouverte », fondée sur des moyens légaux.

Nous assistons aujourd'hui à une évolution majeure : le renseignement s'inscrit de plus en plus dans la prise de décision stratégique des autorités, alors que, par le passé, tous les responsables politiques ne montraient pas la même appétence ni la même confiance envers leurs services de renseignement. Ceux-ci, dans leur acceptation actuelle, sont une création récente qui remonte à la Deuxième Guerre mondiale. En France, ils trouvent leur source dans le Bureau central de renseignement et d'action (BCRA), le service de renseignement de la France libre à Londres, dont le général de Gaulle avait confié la direction au colonel Passy dès 1940. J'ai coutume de dire que l'ADN d'un service de renseignement tel que la DGSE aujourd'hui, seul service secret de l'État, est celui de la lutte clandestine qui a joué un rôle fondamental durant l'Occupation.

À son retour au pouvoir en 1958, le général de Gaulle, même s'il apprécie la valeur du renseignement, se montre assez prudent. Par la suite, dans les années 1970, lorsque Alexandre de Marenches était à la tête du Service de documentation extérieure et de contre-espionnage (SDECE), une distance s'est créée entre le renseignement et le pouvoir politique, le renseignement ayant parfois pu vivre en « autogestion », pour utiliser un terme caricatural, à savoir s'autoriser un certain nombre d'initiatives qui n'étaient pas forcément en accord avec les orientations du pouvoir. A. de Marenches s'accordait de grandes marges de manœuvre par rapport à ce qui lui était demandé, suivant parfois son propre agenda.

Le renseignement français a ensuite connu des crises, et chacun se souvient de l'affaire du Rainbow Warrior en 1985. Une normalisation est intervenue avec les mesures sur l'organisation du renseignement et sur la coordination des services, puis enfin la création d'un poste de coordonnateur du renseignement auprès du président de la République, décidée par Nicolas Sarkozy en 2008. De même, le choix de directeurs des services de renseignement plus proches des grands décideurs a renforcé les liens entre les services de renseignement et le pouvoir politique, et donc la prise en compte de leurs renseignements.

LE TEMPS LONG DU RENSEIGNEMENT

Il faut bien comprendre que si le renseignement et la diplomatie sont complémentaires, ils ne cultivent pas le même rapport au temps. Le diplomate doit répondre de manière souvent immédiate à une action ou à une déclaration. Sur ce plan, la diplomatie française a considérablement évolué, passant du classique et formel communiqué à des prises de parole plus rapides et tranchantes, portées par des représentants médiatiques sur les plateaux de télévision et les réseaux sociaux.

Le temps du renseignement est plus long : il ne s'agit pas de délivrer une information en continu à la façon d'un « BFM renseignement », mais d'acquérir des renseignements par des moyens qui nécessitent une certaine durée.

En premier lieu, on parle de « renseignement humain », c'est-à-dire de recruter des personnes qui vont, au sens littéral, trahir. On ne convainc pas quelqu'un en une conversation ou par une invitation à déjeuner, mais par des leviers classiques que les Britanniques résument dans l'acronyme MICE : *M* comme *money*, *I* comme idéologie, *C* comme coercition ou compromission et *E* comme ego. De manière générale, il s'agit d'identifier, et c'est un métier, les gens susceptibles de coopérer puis de les « cultiver ».

En second lieu, le « renseignement technique » ne se recueille pas d'un coup de baguette magique. Ce gigantesque facteur d'amélioration de captation de données fournit une matière brute qu'il faut d'abord recueillir puis filtrer, analyser, recouper, exploiter. Et ce n'est qu'ensuite, une fois le tamis global effectué, que le renseignement peut être utilisé, car viable et pertinent.

En troisième lieu, il faut souligner l'importance du « renseignement opérationnel » et de celui obtenu par les partenaires nationaux et internationaux.

Il est parfois très compliqué pour un service de renseignement de faire comprendre aux autorités qu'il est impossible de répondre sous 24 heures sur tel sujet ou tel événement. C'est une difficulté pour un service de renseignement que de devoir frustrer de temps en temps les autorités, car cette temporalité s'applique à l'ensemble du renseignement, y compris économique, à l'exception parfois du domaine du renseignement militaire. En effet, si une photo satellite montre un afflux massif de chars russes vers la frontière ukrainienne, sans commune mesure avec une simple manœuvre, si des renseignements techniques indiquent également la présence d'hôpitaux de campagne, nous allons immédiatement exploiter ces données et en tirer la même analyse que nos alliés.

La technologie a effectivement conduit à une montée en puissance du renseignement technique et c'est la raison pour laquelle le Président Jacques Chirac et le Premier ministre Lionel Jospin ont décidé au début des années 2000 de confier à la DGSE l'ensemble des moyens techniques les plus sensibles de l'État et de les mutualiser. Diplomatie et renseignement sont donc des « tuyaux » distincts qui remontent les renseignements ouverts ou fermés vers les mêmes décideurs qui décident de ce qu'ils en font, et des conséquences qu'ils en tirent en termes de politiques et d'actions opérationnelles.

LES DÉMOCRATIES ET LES AUTRES

On peut classer les services de renseignement dans le monde en deux catégories : ceux qui s'exercent dans une société démocratique et les autres. En France, les services de renseignement agissent dans un cadre extrêmement précis et contrôlé. En revanche, dans les systèmes non démocratiques, les services disposent sur leur territoire comme à l'extérieur d'une importante liberté d'action et se comportent avec désinhibition. Dans de nombreux pays, les patrons des services de renseignement appartiennent au premier cercle du régime, très proches du cœur du pouvoir.

Dans les démocraties, l'approche est davantage celle de la haute fonction publique. Il faut relever que le degré d'imprégnation de la culture du renseignement y est différent, y compris au sein du monde occidental. Ainsi, les Anglo-Saxons font preuve d'une forte singularité : très tôt, les Britanniques ont acquis une culture du renseignement, qui irrigue l'ensemble de leur société, comme c'est le cas également aux États-Unis. On a coutume de dire que le renseignement inspire de la fierté au Royaume-Uni, de la méfiance en Allemagne et de l'indifférence en France : chaque pays a une histoire différente avec le renseignement.

LA CULTURE DU RENSEIGNEMENT ET LA DIVULGATION DES INFORMATIONS

Si la culture du renseignement varie en fonction des pays et des sociétés, elle dépend aussi de la compréhension des enjeux et des objectifs politiques ou économiques. S'agit-il de contrôler la situation intérieure, de surveiller les opposants à l'extérieur ou de comprendre des équilibres internationaux complexes ? Il peut ainsi se trouver de grands écarts de perception entre les pays, comme il peut y avoir des appréciations diverses sur la divulgation, ou non, des informations.

En ce qui concerne l'Ukraine, les Américains ont pris la décision de divulguer les renseignements dont ils disposaient sur les intentions des Russes, à but de dissuasion, pensant que cela pourrait contrecarrer leur offensive, ce qui n'a pas été le cas. La tradition française est de ne pas divulguer nos renseignements afin de protéger nos sources. Sauf exception qui confirme la règle lorsque cela s'avère nécessaire : nous avons ainsi contré une manipulation du groupe Wagner en Afrique en exploitant un renseignement majeur. Les paramilitaires russes avaient prévu d'accuser les forces armées françaises d'avoir massacré des Maliens et abandonné leurs corps dans un charnier à l'extérieur d'une de nos bases en cours d'évacuation. Wagner avait en fait monté cette opération de toutes pièces : nous l'avons appris en amont grâce à un renseignement obtenu par la DGSE, et les armées ont exploité le renseignement en divulguant des images de la mise en scène préparée par les Russes. Cette opération ratée a terni considérablement l'image du groupe Wagner, lequel se présentait alors comme une alternative aux forces françaises et européennes dans la lutte contre le terrorisme. Elle a marqué le premier coup de reflux du rouleau compresseur de la propagande russe en Afrique.

Le renseignement répond aux intérêts des États, et chaque État a, par définition, ses propres intérêts. Nous avons des partenaires, des alliés, avec lesquels nous pouvons avoir des intérêts communs mais fondamentalement, nous n'avons pas d'« amis ». En revanche, il est clair qu'entre pays alliés existe une volonté d'échanger, de recouper les analyses et d'essayer de comprendre et d'anticiper les évolutions possibles, avec une priorité qui rassemble tous les services : la lutte contre le terrorisme. Dans ce combat, nous sommes presque tous à bord du même bateau.

On prête parfois au renseignement des pouvoirs éloignés de la réalité, le considérant comme un ultime recours quand tout autre mode de compréhension de certaines situations a échoué. Or le drame du 7 octobre en Israël montre que le renseignement n'est pas omniscient, magique et systématique. Les membres du Hamas qui ont préparé cette opération ont travaillé de manière clandestine, cloisonnée, sans recourir aux moyens électroniques. Le pigeon voyageur et le message porté par un émissaire sont les techniques de la clandestinité, qui fonctionnent encore très bien aujourd'hui.

UN BOND DE GÉANT DANS LES RELATIONS AVEC LE MONDE ÉCONOMIQUE

La France a développé des services de renseignement aujourd'hui bien dotés, efficaces, comptant des agents de très grande qualité. Toutefois, la culture du renseignement n'a pas été suffisamment partagée dans la société. Ainsi, les grandes entreprises se sont longtemps montrées réticentes à échanger avec les services, et surtout n'ont pas toujours mesuré qu'elles-mêmes étaient des cibles d'un pillage international. Elles ont compris la gravité du phénomène depuis environ une dizaine d'années, et un bond de géant s'est produit dans les relations du monde économique avec ceux de la diplomatie et du renseignement.

Déjà, Alain Juppé et Laurent Fabius, lorsqu'ils étaient au Quai d'Orsay, avaient donné une impulsion considérable en matière de diplomatie économique. Les ambassadeurs ont été véritablement mis « sous tension » pour accompagner le système économique français à l'international. En parallèle, le renseignement économique s'est également développé, d'abord en défensif, en opérant une sorte de prise de conscience, à mon sens pas encore suffisante car la France ne cesse d'être sous agression permanente. Certaines puissances économiques ont été plus agressives que nous pendant des années et n'ont eu aucune pudeur à s'engager dans l'espionnage économique.

La guerre économique est désormais totale et met en jeu notre survie : si notre pays ne demeure pas une grande puissance économique, il ne sera plus une grande puissance tout court. Car c'est de l'économie que tout procède : c'est aujourd'hui le sujet essentiel. Un travail important pour caractériser les agressions a été mené par l'ensemble des services de la communauté du renseignement, six en tout, mobilisés pour la protection de l'économie, en coordination avec un nouveau service de Bercy, le commissariat à l'Intelligence et la Stratégie économique et le Secrétariat général de la Défense et de la Sécurité nationale (SGDSN). Nous avons mené une réflexion sur la meilleure façon de se défendre et défini une liste des entreprises à protéger en priorité.

Nous sommes même allés au-delà car, en 2019, le président de la République a souhaité diffuser une stratégie nationale du renseignement, un document public consultable sur le site de l'Élysée qui définit les objectifs des services de renseignement français. Et pour la première fois, le renseignement économique y est apparu comme un objectif majeur.

Les temps ont changé et nous osons parler sans tabou de ces enjeux. Il y avait urgence à cesser de se comporter comme des moutons qui acceptent de se faire tondre, en remerciant qui plus est. Nous avons maintenant non seulement la capacité de répondre aux agressions économiques, au besoin en allant rechercher des renseignements par des moyens discrets. Nous avons obtenu un certain nombre de succès et, *a minima*, comblé des vulnérabilités, qu'il s'agisse de pillage des brevets, de cyberattaques, d'éloigner certains prédateurs, sans oublier la manière dont les lois extraterritoriales américaines ont été utilisées pour recueillir du renseignement à l'intérieur des sociétés. Aujourd'hui, un arsenal est à disposition des entreprises pour attaquer le problème à la racine, avec notamment les lois sur les investissements étrangers en France et tout un arsenal législatif européen promu par la France et notre ancien commissaire européen, Thierry Breton, qui a permis un changement de paradigme dans ce domaine. La solidarité européenne existe lorsque les intérêts convergent, c'est une règle de base.

UN NOUVEAU DIALOGUE AVEC LES ENTREPRISES

Nos services de renseignement dialoguent avec le tissu économique, en tout cas avec toutes les grandes sociétés françaises qui le souhaitent ou que nous identifions comme pouvant faire l'objet de prédations ou d'agressions. Lorsque je dirigeais la DGSE, j'ai souvent demandé à des grands patrons français de m'expliquer comment fonctionnait leur Comex, comment était organisé leur service informatique... Certaines réponses m'ont étonné. J'ai passé par exemple plusieurs sessions de travail à leur expliquer qu'ils devaient faire très attention à l'« hygiène numérique ». On constate beaucoup de naïveté et d'imprudence aussi :

je pense, par exemple, que les téléphones portables devraient être bannis des réunions de Comex. Cela permettrait d'ailleurs de redécouvrir le sens de l'échange et le plaisir de l'intelligence collective.

La culture de la sécurité dépend bien sûr des individus et des types de sociétés. Certaines entreprises dans le domaine de l'armement ou de l'énergie sont plus sensibles en la matière. Les sociétés du CAC 40 ont pris conscience de leurs failles éventuelles et ont enfin recruté des responsables de sécurité de haut niveau : le dialogue avec les grandes entreprises s'est ainsi considérablement renforcé dans le domaine de la protection de nos brevets, de nos scientifiques, de nos secrets industriels.

GARDER UN SECRET N'EST PAS UN GROS MOT

Nous vivons dans une société où la culture de l'immédiateté et de la transparence empêche parfois la réflexion et peut entraîner de mauvaises décisions. Or, une entreprise privée, comme un État, a besoin de confidentialité. Garder un secret n'est pas un gros mot mais une nécessité impérieuse.

Nous représentons toujours un centre économique mondial avec nos 68 millions d'habitants. Il faut à la fois se défendre et multiplier nos atouts, élargir notre cadre tout en protégeant nos secrets. D'où l'importance de la coopération européenne et internationale, tout en gardant les yeux grand ouverts : l'amitié, le partenariat n'empêchent pas d'être lucide sur les intentions des uns et les autres ni sur la jungle mondiale dans laquelle nous nous battons.

Dans cette lutte permanente, nous réussissons aussi grâce à nos agents. Je dis souvent que le renseignement est fait par des gens ordinaires qui assurent des missions extraordinaires. Un monsieur ou une madame Tout-le-Monde, capables de se fondre dans la masse en portant une responsabilité et des objectifs très particuliers. Ceux qui rejoignent les services de renseignement ont la satisfaction d'avoir accès à des informations exclusives, et c'est un facteur de motivation fondamental – ce qui se retrouvait parfaitement dans l'excellente série *Le Bureau des légendes*. Et il est vrai que j'ai dit que Malotru, le personnage principal, avait été notre meilleur agent de recrutement et m'a évité de dépenser des centaines de milliers d'euros en communication. Comment motiver un jeune à rejoindre les services de renseignement ? D'où l'importance de l'évolution des techniques de communication et l'affirmation d'une « marque » DGSE, avec notamment la rénovation complète de son site internet pour en faire une vitrine attractive.

Malotru a également été une sorte de VRP extérieur… Après ma nomination à la tête de la DGSE en 2017, lorsque j'ai rencontré pour la première fois le patron de la CIA, Mike Pompeo, il m'a dit : « *Hi, here is the boss of the* Bureau. » C'est vous dire la force d'impact de la série. D'ailleurs, aujourd'hui, un remake américain du *Bureau des légendes* est en cours de tournage, avec l'accord de la CIA.

Je suis allé un cran plus loin en acceptant, en 2023, avec l'accord des hautes autorités, de produire avec France TV un film documentaire intitulé *La Fabrique des agents secrets*, écrit par le grand historien Jean-Christophe Notin. Les agents du service y décrivent autant que possible leur métier. Un livre éponyme a été publié : pour la première fois, la DGSE explique la réalité de ce métier. Elle ne parle pas de ce qu'elle sait, ni de ce qu'elle fait, mais elle parle de ce qu'elle est. Et c'est déjà beaucoup.

Bernard Émié

REPÉRER DANS LE BRUIT GLOBAL CE QUI EST PERTINENT POUR

PRÉPARER LE LENDEMAIN OU L'APRÈS-DEMAIN

Entreprises ou structures publiques font de plus en plus appel aux éclairages et à l'accompagnement des opérateurs privés spécialisés, explique le préfet Pierre de Bousquet de Florian, Coordinateur national du renseignement et de la lutte contre le terrorisme de 2017 à 2020 puis directeur de cabinet du ministre de l'Intérieur entre 2020 et 2022. Pour l'ancien patron de la direction de la Surveillance du territoire (DST), la surabondance d'éléments disponibles en temps réel et les jeux d'influence qui y sont liés rendent indispensable d'en faire le tri, de les recouper, et très délicat d'y jouer pertinemment sa partie. Si l'emploi des moyens les plus intrusifs de recueil de l'information relève exclusivement de la puissance étatique, la discipline rigoureuse du renseignement peut s'appliquer à n'importe quel champ de recherche et les autorités déconcentrées ou décentralisées peuvent en tirer grand bénéfice. La même démarche vaut pour les entreprises en demande d'informations, un travail qui relève de sociétés spécialisées, utilisant les fondamentaux du renseignement, mais réalisé par l'exploitation de « sources ouvertes » et non par le recours aux techniques que la loi réserve aux seuls services de renseignement.

Intelligence stratégique, renseignement d'affaires, intelligence économique, renseignement territorial... toutes ces notions voisines se recoupent et se recouvrent partiellement dans un relatif flou conceptuel, qui a pu rendre difficile à ses débuts la lisibilité du métier de la jeune agence qu'était l'ADIT, démarrant son activité au bénéfice d'entités privées dans un secteur qui, en France, relevait plus classiquement des services de renseignement.

Quelque trois décennies plus tard, les clarifications nécessaires ont été opérées et le fort développement d'un groupe comme l'ADIT, aux multiples filiales très bien identifiées pour ses compétences pointues, montre assez combien le contexte, les besoins et les pratiques ont évolué. Entreprises ou structures publiques font en effet de plus en plus appel aux éclairages et à l'accompagnement prodigués par des opérateurs privés spécialisés.

Beaucoup de facteurs y ont contribué : internationalisation des affaires, volatilité croissante des situations, « globalisation » des enjeux en même temps que fracturation du monde, complexification des procédures et exigences de « compliance »... S'ajoute à cela la sidérale percée du numérique, de l'internet et des réseaux sociaux, « sources ouvertes » par excellence. Certains ont même pu croire que l'abondance des informations ainsi mises à disposition allait permettre de se passer des techniques classiques du renseignement. Force est de constater que cette surabondance d'éléments disponibles en temps réel et les jeux d'influence – pas toujours innocents — qui y sont liés rendent indispensable d'en faire le tri, de les recouper, et très délicat d'y jouer pertinemment sa partie.

Cette masse de connaissances comme la difficulté à s'y retrouver justifient l'intervention de sachants offrant les capacités et les relais les plus opportuns pour accroître l'efficacité de leurs clients et rendre plus sûres leur action.

Concentrées sur leur cœur de métier, les entreprises – comme du reste nombre de structures publiques d'importance, par exemple les Régions — ne disposent en effet pas toujours en propre des moyens nécessaires à la fine maîtrise de tous les écosystèmes dans lesquels elles sont amenées à évoluer et dont plusieurs dimensions interagissent pourtant étroitement avec leur propre agenda. Ainsi, un groupe comme l'ADIT s'efforce-t-il de fournir dans la plus grande discrétion les éclairages, les conseils ainsi qu'éventuellement les prestations techniques d'accompagnement cadrées au plus près des besoins exprimés par ceux dont il reçoit mandat.

LA DISCIPLINE RIGOUREUSE DU RENSEIGNEMENT PEUT S'APPLIQUER À N'IMPORTE QUEL CHAMP DE RECHERCHE

En France, longtemps, seuls les ministères régaliens étaient vraiment à l'aise avec l'outil renseignement. Les autres structures étatiques pouvaient bénéficier ponctuellement des travaux des services mais ne s'estimaient pas pour autant légitimes pour les orienter véritablement. Sans parler d'autres entités publiques comme les collectivités territoriales, plus éloignées encore de ces outils considérés comme étatiques par excellence. Cette perception est en train d'évoluer.

En effet, le renseignement ne se définit pas par son champ d'application mais par sa méthode et ses techniques. Et il y a beau temps que l'intérêt à utiliser celles-ci dépasse les sujets de sécurité, de recherche ou de diplomatie pour s'étendre à la sphère économique *lato sensu*.

Si l'emploi des moyens les plus intrusifs de recueil de l'information relève exclusivement de la puissance étatique (sous la responsabilité du Premier ministre, avec un contrôle très étroit par une autorité indépendante et par le juge), la discipline rigoureuse du renseignement (orientation, recueil, traitement, analyse, diffusion de l'information) peut s'appliquer à n'importe quel champ de recherche. Ce qui veut dire, pour ne parler que de la sphère publique, que les autorités déconcentrées ou décentralisées peuvent en tirer grand bénéfice.

L'exemple des Régions est à cet égard probant. Elles disposent depuis quelques années, en France comme à l'étranger, d'importantes compétences économiques ; pour se projeter, se positionner et agir efficacement, elles doivent désormais disposer d'une connaissance poussée des écosystèmes (marchés, interlocuteurs, voire concurrents...) avec lesquels elles interagissent. Le recours à des spécialistes extérieurs à leur technicité habituelle s'impose alors.

La même démarche vaut pour les entreprises en demande d'informations sur un environnement, un contact ou un concurrent. Ce travail relève de sociétés spécialisées, utilisant les fondamentaux du renseignement, mais il ne pourra bien sûr être réalisé que par l'exploitation de « sources ouvertes » et non par le recours aux techniques que la loi réserve aux seuls services de renseignement.

LE RENSEIGNEMENT OBTENU PAR LES ENTREPRISES D'INTELLIGENCE STRATÉGIQUE PEUT-IL ÊTRE ÉGALEMENT VALORISÉ POUR LES SERVICES PUBLICS ?

La question est sensible. Chacun doit rester dans son domaine de responsabilité, l'État comme les entreprises, et le secret des affaires suppose que tout ne peut être partagé. Cependant, la sphère publique représente par nature l'intérêt général, auquel des opérateurs privés peuvent concourir par ailleurs et de multiples manières.

Les services publics ne peuvent tout savoir et n'ont pas forcément la connaissance fine que des entreprises d'intelligence stratégique ont pu acquérir par leur propre travail sur tel ou tel sujet. Il n'est dès lors pas interdit qu'un travail fait au profit d'un client privé ou qu'une information glanée à cette occasion (sans bien entendu parler de la découverte d'illégalités, qu'une entreprise prestataire ne saurait couvrir sans s'en rendre elle-même complice) puissent être partagés avec un service public, et pourquoi pas un service de renseignement. À condition que la transmission se fasse loyalement, c'est-à-dire en transparence avec le client, qu'elle soit ponctuelle, loin de tout systématisme, et n'induise pas une image de proximité qui, trop forte, serait déplacée. Si ces conditions sont remplies, un échange de bons procédés pourra être envisagé, pour le bénéfice de chacun, puisque l'interlocuteur public pourra de son côté faire part d'éléments intéressants. De plus, ce mode de coopération confiante et raisonnée, débridant la relation public/privé, conférera au prestataire d'intelligence stratégique une référence de sérieux, donc une forme de crédibilité supplémentaire vis-à-vis de ses clients.

LES NOUVEAUX BESOINS EN RENSEIGNEMENT ET EN INTELLIGENCE STRATÉGIQUE

La volatilité des contextes et la rapidité des évolutions imposent à chacun d'être en perpétuelle anticipation. Prenons l'exemple de la cybersécurité : tandis qu'il y a vingt ans le terrorisme était considéré comme la première des menaces, nos services de renseignement envisageaient déjà l'espace cyber comme un lieu majeur de confrontations futures... Force est de constater que les cyberattaques sont aujourd'hui, et pour longtemps sans doute, au premier plan des préoccupations, notamment des entreprises. La disponibilité d'outils très sophistiqués, l'âpreté de la concurrence et les effets collatéraux des conflits, tous hybrides aujourd'hui, font que nul n'en est à l'abri ; et les acteurs privés sont à cet égard bien plus fragiles que les structures étatiques, qui ont depuis des années développé une forte culture de cyberdéfense.

Commenter ce qui est connu n'apporte pas grand-chose. En revanche, la vocation du renseignement et de l'intelligence stratégique est de parvenir à déceler ce qui est caché, à discerner les intentions d'autrui, à identifier ce qui sera important et à préparer l'exploitation qui pourra en être faite, c'est-à-dire les « idées de manœuvre » – comme disent les militaires — qui permettront de peser sur l'organisation de l'avenir et d'agir dans les futurs cadres. Il ne s'agit pas uniquement de prévoir le court terme, mais aussi de se projeter dans le moyen et le long terme, de repérer dans le « bruit global » ce qui est pertinent pour préparer et affronter le lendemain ou l'après-demain.

Aujourd'hui, les grands enjeux économiques et sociaux se trouvent du côté des big data et de l'intelligence artificielle, des évolutions climatiques et de la décarbonation, du partage des richesses et des migrations internationales, ou encore de la souveraineté des États et du mode de régulation du monde... Tous ces sujets doivent mobiliser une réflexion d'anticipation et de prospective, avec comme principaux viatiques la formation, l'ouverture à d'autres cultures, l'autonomie de réflexion, l'interdisciplinarité et le partage pertinent d'informations. Comme les services de renseignement, les entreprises d'intelligence stratégique auront toujours là un bel espace de positionnement et d'action.

Pierre de Bousquet de Florian

2

Regards sur l'intelligence économique

RAISON D'ÊTRE ET RESPONSABILISATION : DEUX PILIERS POUR REBÂTIR UNE SOCIÉTÉ DE CONFIANCE

La confiance, rappelle Jean-Dominique Senard, président de Renault depuis 2019, est inséparable de l'idée de progrès dans la culture occidentale. Une confiance aujourd'hui bien érodée, qui a fait place à une défiance généralisée. L'intelligence stratégique a un rôle crucial à jouer en matière de veille, de protection et d'analyse des informations pour tenter de contrecarrer l'ampleur des dérives illustrées par l'essor des *fake news* et la radicalité des débats. Jean-Dominique Senard choisit de parier sur la confiance, qui s'appuie sur la raison d'être et la responsabilisation, car elle constitue un incontournable levier d'engagement, de prise de risque, d'innovation, et donc de performance.

Pour celui qui, avant Renault, a présidé Michelin, il est crucial de réinjecter du sens collectif et individuel au cœur des entreprises, des services publics, des territoires et de l'État pour proposer à la France une vision entraînante, et un élan d'engagement et d'espoir. C'est ainsi que pourront être recrées les conditions de la confiance.

« La confiance est à la base de toute société prospère. Elle réduit les frictions, encourage la coopération et libère les énergies créatives. » Ce propos d'Alain Peyrefitte, extrait de son ouvrage *La Société de confiance* publié en 1995, résume bien les vertus associées à une organisation reposant sur la confiance : croissance, innovation, prospérité.

DE LA CONFIANCE RELATIVE À LA DÉFIANCE GÉNÉRALISÉE

C'est cette confiance qui a forgé notre culture occidentale issue notamment des Lumières, fondée sur l'idée de progrès ; c'est aussi cette confiance qui a dicté les grandes prophéties entendues après la chute du mur de Berlin : la victoire du capitalisme libéral provoquera l'avènement universel de la démocratie ; l'interdépendance économique de la mondialisation empêchera les guerres ; l'impulsion des grands traités de désarmement entraînera la fin des conflits... Qu'elle semble loin, cette époque !

En effet, les sociétés d'aujourd'hui – au moins en Occident – sont bien davantage marquées par un sentiment de défiance vis-à-vis de l'avenir, et plus généralement vis-à-vis de toutes les institutions. Selon le CEVIPOF Opinion Way (Baromètre de la confiance, février 2024) seuls 20 % des citoyens français font confiance aux partis politiques, 28 % aux médias et au gouvernement, 29 % à l'Assemblée nationale, 30 % aux responsables religieux, 33 % au Parlement européen, ou 45 % à la justice.

Cette érosion de la confiance est nourrie par différentes tendances de notre époque, comme l'aspiration à l'hypertransparence : ainsi, la création de la Haute Autorité pour la transparence de la vie publique (HATPV), qui devait conjurer la défiance envers le personnel politique, a au contraire accru le soupçon à son égard. L'essor des *fake news*, amplifié par les centaines de milliers de faux comptes automatisés, renforce encore la suspicion. Enfin, la radicalisation des débats, confortée par les algorithmes des réseaux sociaux qui fabriquent des bulles cognitives, accélère la spirale négative. Un tel contexte met en perspective le rôle fondamental de l'intelligence stratégique : sa mission de veille, de protection et d'analyse des informations n'a jamais été aussi cruciale pour tenter de contrecarrer l'ampleur de ces dérives.

Dans ce monde rongé par le soupçon, comment contrer cette lame de fond, sans tomber dans le piège de la candeur ou de la naïveté ? Une entreprise ou une organisation faisant le pari de la confiance dans un environnement de suspicion généralisée ne serait-elle pas *in fine* la grande perdante de tout rapport de force ?

Et pourtant, si l'on souhaite mettre un frein aux périls de la défiance, il n'y a pas d'autre issue possible que de parier sur la confiance ! Qu'il s'agisse de l'État, des territoires, des services publics ou des entreprises privées, elle constitue un incontournable levier d'engagement, de prise de risque, d'innovation, et donc de performance.

Mais comment réenclencher le cercle vertueux de la confiance ?

RAISON D'ÊTRE ET RESPONSABILISATION

À mes yeux, la seule manière d'y parvenir, c'est de retrouver du sens – à la fois collectif et individuel – en s'appuyant sur deux piliers clés : la raison d'être et la responsabilisation.

Notre société fragmentée n'est plus aujourd'hui cimentée par un horizon collectif partagé. Les grands dogmes naguère si structurants – le progrès, la raison, la démocratie – n'ont plus autant de force, et sont même contestés. Par ailleurs, les institutions elles-mêmes – État, école, partis politiques, syndicats, Églises – qui avaient pour fonction de forger un référentiel commun ont perdu de leur puissance fédératrice.

C'est en cela que la démarche engagée par les entreprises autour de leur raison d'être peut être très inspirante. Dans le rapport « L'Entreprise, objet d'intérêt collectif » que nous avions rédigé en 2018 avec Nicole Notat, nous avions senti cette attente de sens collectif, à laquelle répondent les notions de raison d'être, mais aussi d'entreprise à mission, introduites dans le texte du rapport, puis reprises par la loi Pacte. La raison d'être, c'est ce qui tient tout l'édifice de l'entreprise et oriente sa stratégie : elle doit refléter son identité et ses racines, mais aussi offrir un horizon, un avenir commun. La capacité d'anticipation et de prospective, qui est au cœur de l'intelligence stratégique, est doublement clé pour l'entreprise : d'une part, elle permet d'éviter de subir les conséquences économiques et sociales d'une mauvaise évaluation d'un changement technologique ou de marché ; d'autre part, elle offre à l'entreprise un futur positif, une « étoile polaire » qui transcende et mobilise les équipes autour d'objectifs partagés, qu'il s'agisse de jouer un rôle inclusif et émancipateur pour les salariés (formation, attention à la diversité) ou d'apporter des solutions aux multiples défis de notre temps (climat, santé, habitat, alimentation, mobilité...). La production de ce sens collectif donne toute sa noblesse à l'entreprise, qui a vocation à jouer un rôle proprement politique, au service du bien commun.

UNE AMBITION NATIONALE

Cependant, le sens collectif ne suffit pas. Il doit être complété par le sens individuel. Ainsi, dans l'entreprise, un salarié a besoin de savoir où l'entreprise l'emmène (raison d'être) mais également quelle est sa contribution personnelle à la réalisation du but collectif. Quand ces conditions ne sont pas réunies, l'entreprise subit le désengagement des salariés, l'accroissement de l'absentéisme ou des démissions. L'outil de la mise en cohérence entre le sens collectif et le sens individuel, c'est la responsabilisation, condition de l'engagement et de la motivation, mais aussi de la productivité, car seule la responsabilisation sait répondre à la contrainte de l'adaptation continue et de l'accélération.

Mais mettre en œuvre la responsabilisation n'est pas une mince affaire. Deux conditions s'imposent : les managers doivent accepter d'accorder l'autonomie à leurs collaborateurs, et ces derniers doivent accepter de l'assumer. Or, la nature humaine y résiste souvent, par inertie, crainte, ou incapacité... Cela passe dans l'entreprise par une véritable révolution managériale, reposant sur l'écoute, le respect, et la reconnaissance. L'expérience de Michelin m'a permis de le mesurer : il a fallu une dizaine d'années pour y créer une culture de la responsabilisation. Et chez Renault Group, le travail en cours est loin d'être achevé. Dans l'aventure de la responsabilisation, ce sont les managers intermédiaires qui doivent fournir l'effort le plus important : abandonner leur autorité verticale – commander le matin, superviser l'après-midi, contrôler le soir – pour endosser un nouveau rôle : définir une vision, fixer un cap, développer les talents de leurs équipes, en leur octroyant plus d'autonomie.

Nous vivons aujourd'hui dans une société anonyme à irresponsabilité illimitée. Cette déresponsabilisation est tout autant le fruit de la verticalisation et de la centralisation que d'un excès de complexité, lesquelles affaiblissent notre pays.

Redonner du sens collectif et du sens individuel est ainsi une ambition nationale qui dépasse largement le périmètre de l'entreprise. Elle concerne tout autant l'État, les services publics, les administrations que les collectivités territoriales.

Notre pays n'a jamais eu autant besoin de réformes, de même que nos entreprises n'ont jamais eu autant besoin de transformations pour s'adapter aux évolutions technologiques et tirer leur épingle du jeu en matière de performance publique ou privée. Mais toute réforme, tout changement ne peut se faire que dans un climat de confiance. La confrontation ne peut créer que des blocages structurels – ce qui faisait dire à Edgard Faure que « la France est toujours en avance d'une révolution parce qu'elle est en retard d'une réforme ».

Aujourd'hui, remettre du sens collectif et du sens individuel au cœur de nos entreprises, de nos services publics, de nos territoires, de notre État en s'appuyant sur un horizon partagé et la responsabilisation, c'est recréer les conditions de la confiance, tout en offrant à notre pays une vision entraînante, et un élan d'engagement et d'espoir.

Jean-Dominique Senard

DÉFENDRE NOTRE SOUVERAINETÉ ET NOTRE COMPÉTITIVITÉ GRÂCE À « L'ÉQUIPE FRANCE »

De la crise du Covid-19 à la guerre qui a éclaté en Ukraine en février 2022, le mot « souveraineté » qui était largement tabou tant en Europe que dans certains milieux français, est soudain redevenu à la mode comme l'expression d'une nécessité qui avait été dangereusement oubliée et méprisée, souligne Éric Trappier, PDG de Dassault Aviation, qui prendra la présidence de la holding du groupe en 2025. Mais la supériorité militaire ne suffit plus pour rester maître de son destin. Aujourd'hui, la souveraineté se joue aussi sur le terrain de la compétitivité industrielle. Pour la préserver, il est décisif d'obtenir la bonne information au bon moment. Mieux maîtriser l'information, c'est mieux maîtriser les données, aussi qualifiées d'or noir de l'économie du XXIe siècle.

La souveraineté est au cœur des activités aéronautiques militaires et civiles développées depuis plus d'un siècle par Dassault Aviation. À l'export, c'est l'équipe France qui peut faire gagner, grâce à la mobilisation de toutes ses parties prenantes et les acteurs plus discrets chargés de les « éclairer ».

Le conflit brutal qui se déroule à nos portes depuis le 24 février 2022 démontre chaque jour qu'obtenir et conserver la supériorité militaire est un impératif vital pour les nations qui veulent rester libres. L'impérieuse nécessité de disposer d'un outil de défense fiable, robuste et surtout dissuasif, est à nouveau mieux comprise, comme l'illustre le très fort soutien dont bénéficient dans l'opinion publique tant nos armées que l'industrie de défense française, qui est la condition *sine qua non* de notre souveraineté militaire. Elle nécessite un effort de la nation pour soutenir un modèle d'armée qui est en train de se « recompléter » grâce à une loi de programmation militaire ambitieuse et qui vise à répondre aux défis présents et à pallier les conséquences des « dividendes de la paix » illusoirement perçus à la fin de guerre froide.

LA SOUVERAINETÉ ET L'ENJEU DE LA PROTECTION DES DONNÉES

Cependant, la supériorité militaire – acquise seule ou en coalition – ne suffit plus pour rester maître de son destin. Dans un monde de plus en plus connecté et complexe, la souveraineté se joue aussi sur le terrain de la compétitivité industrielle. La préserver implique de sécuriser nos chaînes d'approvisionnement, l'accès à certaines matières premières, notre sécurité énergétique, de soutenir notre potentiel de recherche fondamentale et appliquée ainsi que le développement et l'assimilation des nouvelles technologies, d'assurer notre maîtrise du cyber et notre contrôle des données, de garantir notre accès à l'espace, de protéger la propriété du capital de nos entreprises sensibles et la protection de notre patrimoine économique et scientifique, de promouvoir de façon volontariste nos produits à l'exportation.

Sur tous ces sujets, obtenir la bonne information au bon moment est décisif. Et dans un monde de plus en plus numérisé, mieux utiliser l'information, c'est aussi mieux maîtriser les données. C'est non seulement assurer leur sécurité (intégrité, authenticité, non-répudiation), mais aussi les mettre à l'abri de juridictions étrangères ou de toute forme de manipulations. Maîtriser les données – parfois qualifiées d'« or noir de l'économie du XXIe siècle » –, c'est aussi en réglementer l'usage tout en optimisant les traitements permettant d'en tirer la valeur qu'elles recèlent. Si nous ne maîtrisons pas l'architecture, les outils et les infrastructures qui abritent les données de opérateurs d'importance vitale (OIV : soit une administration, une entreprise publique ou privée dont l'État a jugé le fonctionnement indispensable à la vie de la nation), nous nous rendons dépendants et vulnérables au même titre que si nous ne maîtrisons pas les technologies critiques de nos systèmes de combat.

Algorithmes aidant, les *fake news* et les opérations d'influence de plus en plus insidieuses et sophistiquées font des dégâts considérables dans l'opinion et fragilisent les fondements de la démocratie à travers le monde. Au-delà du champ strictement politique, ces techniques sont aussi utilisées contre les entreprises, afin de les déstabiliser, de les fragiliser, et, *in fine*, de les affaiblir sur leurs marchés.

SUR TOUS CES SUJETS, DASSAULT AVIATION EST EN PREMIÈRE LIGNE

La souveraineté est évidemment au cœur des activités aéronautiques militaires et civiles développées depuis plus d'un siècle par Dassault Aviation. Le succès retentissant du Rafale, qui non seulement forme l'ossature de nos forces aériennes de combat tant conventionnelles que nucléaires mais est aussi devenu un standard mondial prisé par de nombreuses armées de l'air à travers le monde à la recherche d'un appareil polyvalent (omnirôle) fiable, abordable, ultra-performant, technologiquement souverain et évolutif. Il démontre aujourd'hui le bien-fondé de la vision défendue par Dassault Aviation et mise en œuvre jour après jour par l'ensemble du personnel de la société. Dans ses prochains standards F-4, F-5 et pourquoi pas F-6, le Rafale sera au cœur de la révolution du combat aérien de demain, capable d'évoluer au sein d'un système complexe connecté afin d'obtenir les meilleurs effets militaires recherchés. Grâce au travail de la Direction générale de l'armement (DGA), de Dassault Aviation et de ses 500 sous-traitants sur l'ensemble du territoire national, le Rafale s'affirme comme une redoutable machine de guerre capable d'opérer demain avec des drones de combat successeurs du Neuron afin de garantir la supériorité sur les champs de bataille du futur. Il restera aussi un vecteur de l'influence française à l'international. Il a le potentiel et la vocation de le rester au moins jusqu'en 2060.

Mais, nous le savons, sur les marchés militaires, la qualité intrinsèque d'un produit ne garantit pas son succès commercial, notamment à l'étranger. Ces grands contrats revêtent une dimension politique essentielle. À l'export, c'est l'équipe France qui peut faire gagner, grâce à la mobilisation de toutes ses parties prenantes jusqu'au plus haut niveau de l'État. Industriels, ministres des Armées, Bercy, états-majors, diplomates, financiers, présidence de la République : tous ont leur rôle à jouer pour faire triompher nos campagnes exports. Sans oublier bien sûr les acteurs plus discrets chargés « d'éclairer » toutes ces parties prenantes sur les spécificités de chaque marché : cartographie des circuits réels de décisions, suivi politique et budgétaire, évaluation des besoins militaires, actions de la concurrence, perspectives en matière d'offset, honorabilité et fiabilité des partenaires locaux envisagés...

L'ADIT, qui fête ses trente ans d'existence, est un partenaire fiable, attaché à la défense des intérêts nationaux qui nous accompagne avec succès dans la compréhension de nos environnements. Elle est mobilisée pour soutenir les industriels français en leur fournissant la bonne information au bon moment, en leur donnant les analyses qui vont leur permettre de mieux appréhender un marché, de mieux connaître un concurrent ou un partenaire potentiel, renforçant ainsi leur efficacité globale et réduisant leurs risques.

L'ADIT, par son expérience, la qualité et le professionnalisme de ses équipes, est un acteur majeur qui vient apporter son concours aux entreprises françaises afin qu'elles continuent à se développer, à renforcer leur compétitivité, pour qu'elles demeurent des vecteurs de croissance et de création d'emplois au service de la prospérité du pays et des Français.

Éric Trappier

JAMAIS SANS MA CHARTE

Tous les moyens ne sont pas bons, même dans un monde très compétitif. Certains acteurs privés ou même publics ne se gênent pas pour colporter une rumeur, ou même intenter une action juridique même peu fondée pour fragiliser un concurrent. Pour Bertrand Deroubaix, dirigeant du groupe Total de 1995 à 2020, où il a créé et dirigé la direction de l'Intelligence économique, l'interêt fondamental de l'intelligence économique (IE) est bien de comprendre et d'appréhender les objectifs non explicites, le jeu des différents acteurs politiques, financiers ou encore économiques, les stratégies des concurrents et aussi malheureusement certaines menaces.

Heureusement, dans le monde entier, la prise de conscience sur la nécessité d'investir dans ce domaine de l'IE pour lutter « proprement » et au minimum à armes égales dans un monde complexifié, s'est imposée. Veiller à cette « bonne conduite » dans la pratique ne va donc pas tout à fait de soi, et nécessite de fixer des règles strictes, ou mieux encore, des chartes très précises.

À l'aube des années 2000, les grandes entreprises, celles du secteur de l'énergie notamment, ce sont massivement mais discrètement organisées pour pratiquer « l'intelligence économique » (IE), appelée aussi « intelligence stratégique ». Ce fut à mon avis la conjonction d'une prise de conscience de l'évolution des enjeux devenus plus complexes, de l'explosion des volumes d'information et d'un assainissement des pratiques lié aux nouvelles règles anticorruption.

Dans les appels d'offres par exemple, les candidats étaient bien connus, les décideurs bien identifiés, les informations véhiculées par quelques journaux « papier » et les critères plus simples ; d'un seul coup, tout cela a changé et la complexité est apparue avec l'essor d'internet et son cortège d'« informations » non maîtrisées, l'apparition d'acteurs souvent étatiques ou para-étatiques de pays très fortunés au comportement plus hybride ou encore l'évolution des processus de décision et des hiérarchies moins lisibles.

Par ailleurs, la convention OCDE de 1997, ratifiée en 2000 en France, a considérablement réduit la corruption d'agents publics étrangers et conduit à mettre en place des processus de compréhension et d'acquisition d'informations beaucoup plus irréprochables et professionnelles.

Henri Martre, dirigeant d'entreprises dans l'aéronautique puis en poste au Commissariat général au Plan, avait senti venir ces évolutions. Il avait publié un premier rapport totalement fondateur dès 1994, intitulé « Intelligence économique et stratégie des entreprises ». Il s'agissait de promouvoir la mise en place de dispositifs d'intelligence économique au service de la décision stratégique grâce à la collecte et l'analyse des informations.

L'intérêt fondamental de l'IE est de comprendre et d'appréhender les objectifs non explicites des clients, le jeu des différents acteurs – politiques, financiers ou encore économiques –, les stratégies des concurrents et aussi, malheureusement, certaines menaces. Ainsi certains acteurs privés ou même publics ne se gênent plus pour colporter une rumeur, ou même intenter une action juridique, même peu fondée, pour fragiliser un concurrent.

Dans le monde entier, cette prise de conscience de la nécessité d'investir dans ce domaine de l'IE pour lutter « proprement » et au minimum à armes égales dans un monde complexifié s'est imposée.

Sur ce terrain parfois miné par le manque de scrupules, ou par ceux qui font mine de pas comprendre de quoi il s'agit en confondant l'IE avec de l'espionnage, la mise en œuvre s'est faite le plus souvent de manière discrète et surtout dans un respect de règles déontologiques allant au-delà de la simple légalité.

Quelques rares entreprises privées ou parapubliques ont pu oublier cette exigence absolue de déontologie par négligence ou par bêtise. De mon point de vue, cette ligne rouge n'est plus franchie, en tout cas par les grandes entreprises de la plupart des pays. Même en France, on ne constate plus d'écarts de comportement des grandes entreprises comme on a pu en voir au début des années 2000. Car elles veillent à leur réputation, et ont une conduite éthique, même si cela est parfois contesté. Définir cette « bonne conduite « dans la quête d'informations n'est pas forcément si aisé. La « moralité » dont on parle parfois est une notion bien relative et éminemment volatile.

Pour illustrer ce propos, je pourrai citer l'exemple de l'Indonésie, que j'apprécie beaucoup par ailleurs, mais ou par exemple notre notion de conflit d'intérêts est vraiment difficile à appréhender compte tenu du socle culturel historique qui lie souvent naturellement intérêts personnels divers et partage d'informations confidentielles.

Veiller à cette « bonne conduite » dans la pratique de l'IE ne va donc pas tout à fait de soi, et nécessite de fixer des règles très strictes, ou mieux encore des chartes très précises. Celles-ci doivent être soigneusement discutées en interne et validées par la hiérarchie de l'entreprise.

Les personnels de l'équipe IE doivent les respecter, ainsi que toute la chaîne des prestataires, sous-traitants et autres acteurs contribuant aux recherches et aux investigations ; la diffusion des résultats à l'intérieur de l'entreprise doit être très encadrée, limitée aux seules personnes concernées d'un niveau de responsabilités suffisant ; ces collègues aux responsabilités opérationnelles qui sont les vrais « clients finaux » du travail d'IE auront été rencontrés au préalable pour bien leur expliquer la nature du travail effectué, sa valeur et ses conditions d'utilisation, et la confidentialité à respecter pour ne pas fragiliser le dispositif mis en place.

Ces chartes sont ainsi des garanties pour tout le monde, l'entreprise bien sûr, les actionnaires et toutes les personnes impliquées dans le processus.

C'est aussi un gage de qualité, puisqu'il s'agit de mesurer des réalités le plus objectivement possible, de la manière la plus neutre possible. On utilise souvent, pour les recherches ou les investigations, le terme *démarqué* qui à mon avis décrit bien l'essence de la recherche d'informations. Il s'agit de se différencier de tous les acteurs et protagonistes qui ont clairement un intérêt ou un rôle explicite dans un dossier, ou encore déconnecter cette recherche d'informations et de points de vue, de son utilisateur et client ultime ; c'est à l'opposé des démarches normales faites par les collaborateurs de l'entreprise qui eux sont évidemment *marqués* par leur appartenance et leur carte de visite. On sait pourquoi ils sont là et les intérêts qu'ils représentent et défendent. Un tiers extérieur sollicité pour commenter un sujet ou un dossier ne s'exprimera pas du tout de la même façon face à ces deux types d'interlocuteurs, à condition de surmonter l'éventuelle méfiance initiale et d'atteindre une certaine sincérité.

Si les lois sont en général claires, selon les pays toutefois, elles ne sont pas toujours stables et, de toute façon, il convient de définir les règles de déontologie que l'entreprise impose et s'impose, et que d'aucuns appelleront « éthique », qui est une notion plus fluctuante évidemment. Des variations de nature géographique peuvent exister entre des pays qui se croient très « moraux » (comme la France, où on aime particulièrement les idées et les concepts !) et d'autres pays ou continents où les cultures et pratiques sont différentes. Ces variations peuvent être difficiles à gérer au sein d'une grande entreprise internationale, où en général les règles internes sont universelles pour tous les pays.

Un exemple pour illustrer ce propos : la question des filatures, pas totalement illégales sous certaines conditions dans de nombreux pays, dont la France, mais le plus souvent exclues des pratiques de l'IE.

D'autres exemples que j'ai pu voir appliqués dans telle ou telle entreprise et donc dans leur charte tiennent à l'interdiction de mener des investigations sur des collègues de la même entreprise, ou à l'exigence que la plupart des sources des prestataires ne connaissent pas le nom du client final pour éviter tout biais et toute tentation, ou encore à systématiser la relecture critique des mémos préparés par un autre collègue de l'équipe IE. Humilité et rigueur sont deux maîtres mots de l'activité.

Une limite assez aisée à appréhender de mon point de vue pour déterminer ce qui est autorisé ou non, est de s'en tenir à ce que l'entreprise pourrait supporter si une pratique était rendue publique ; chacun conviendra que les inconvénients d'une telle révélation sont variables dans le temps et selon les pays, mais cela crée déjà un guide d'appréciation.

Selon moi, l'IE est par essence une activité avec obligation de moyens et non de résultats, sans quoi elle pourrait être la négation de la charte ou des règles établies. On s'arrête avant la ligne rouge même si la moisson est maigre ! Contrairement à l'adage, tous les moyens ne sont pas bons, même dans un monde très compétitif. Une affirmation importante à rappeler sans cesse dans le cadre d'une entreprise du secteur concurrentiel où la culture du résultat est évidemment souvent très forte, à juste titre.

Au fond, l'IE est la mesure neutre d'une situation, d'un contexte ou encore d'une menace. Mesurer « objectivement » est toujours et partout une activité délicate tant les perceptions sont multiples et les « vérités » fluctuantes.

Qui dit mesure dit perturbation du phénomène observé, dirait un physicien ; or, précisément, on essaie de décrire un phénomène sans le perturber, par exemple sans donner aux donneurs d'ordres des informations qu'ils voudront valoriser pour exacerber ou influencer la concurrence à leur profit.

L'IE c'est donc la pratique d'une moindre perturbation, d'une objectivation maximale la plus indépendante possible.

J'ai parfois entendu dans mes fonctions des collègues opérationnels destinataires d'un résultat dire un peu facilement qu'ils le connaissaient déjà (ce qui m'a semblé très positif puisqu'alors on tenait probablement la « vérité » que l'on cherchait) ou que les résultats étaient faux (ce qui montrait leur faible compréhension de la situation car l'IE ne capte que ce qui existe ou bien ce qui est réellement dit par un acteur d'un dossier, même si cela ne plaît pas toujours ou contredit des idées bien établies). Chacun comprendra que la « vérité » est souvent bien volatile, fluctuante aussi dans le temps ce qui oblige le plus souvent à une recherche étalée au fil des semaines. ou des mois.

Cet exercice est rendu plus difficile encore à pratiquer car l'IE ne se limite pas en général au « renseignement » mais ambitionne de produire des analyses, des interprétations et des commentaires. Il faut donc tenter d'expliquer les évolutions, les raisons de telle ou telle position supposée.

Les chartes ainsi nécessaires, dont j'ai rappelé plus haut l'importance pour toutes ces raisons, ne sont pas tout et se complètent bien sûr de méthodes professionnelles établies, comme pratiquer le recoupement des sources et des informations pour donner un exemple concret. La charte protège mais ne remplace pas le savoir-faire professionnel.

Dans cette pratique professionnelle, on en vient souvent à s'interroger sur la psychologie humaine des personnes qu'on va chercher à « sonder » ; pourquoi parleraient-ils ou non ? (réponse la plus fréquente : en général, les gens aiment se mettre en valeur !) À qui ? Et quels sont les non-dits, parfois encore plus révélateurs que ce qui est dit ? Ce sont quelques pistes qui pourront servir à l'analyse d'une conversation.

Un métier intellectuel donc, mais très concret, vaste en fait, et enthousiasmant en vérité, à condition d'être strictement encadré.

S'il fallait tenter de résumer je mettrai en exergue la conjonction d'une pratique professionnelle très expérimentée délicate et légale ainsi que le respect de limites strictes correspondant à ce que l'entreprise pourrait accepter et supporter sans rougir s'il advenait des révélations inattendues.

Jamais sans ma charte.

Bertrand Deroubaix

Vous trrrês beau
Je pouvoir FAire photo
de vous devant écran
ORRRDinatÛR ?

LE LAWFARE
OU LE DROIT
COMME INSTRUMENT DE GUERRE ÉCONOMIQUE

Un arsenal d'une nouvelle nature s'est imposé dans la guerre économique, à l'initiative des États-Unis et de la Chine, le *lawfare*, un concept forgé à partir de *law* (droit) et *warfare* (guerre). Aussi, le droit international prend sa part dans les rivalités et les tentatives d'affaiblissement et de déstabilisation des concurrents, comme l'ont prouvé les autorités judiciaires américaines, au détriment des groupes européens ou encore la diplomatie judiciaire chinoise. Face à ces pratiques, l'Europe a pris conscience de la nécessité de se doter de moyens juridiques pour défendre ses intérêts économiques, mais sa réponse demeure encore limitée en regard de la force de frappe des dispositifs américains et chinois. Pour contrer le *lawfare*, devenu une arme puissante dans la rivalité économique internationale, l'Europe doit renforcer ses instruments juridiques et se doter de moyens pour protéger ses intérêts économiques. Les dispositifs d'intelligence économique élargis et systématisés doivent y participer afin d'anticiper, voire influencer ces mesures juridiques, explique Jérôme Louvet, directeur général délégué du groupe ADIT en charge des projets de développement du groupe, notamment dans le cadre de projets d'acquisition et d'expansion à l'international.

Les États n'ont pas d'amis, ils n'ont que des intérêts.

Charles de Gaulle

La prise de conscience a été tardive, le réveil douloureux. Les États européens ont fini par comprendre que l'intensité des rivalités économiques et commerciales avait changé de nature. Au terme de la guerre froide, la « fin de l'histoire » devait engendrer une mondialisation heureuse, un monde où les échanges commerciaux mondiaux bénéficieraient à la prospérité des nations. Le réveil des rivalités a été aussi brutal qu'inattendu, aussi bien sur le terrain de la guerre classique, militaire, marqué par une conflictualité à son plus haut niveau depuis 1946, que dans le domaine politique, avec l'opposition des modèles de civilisation. Le bloc des pays du « Sud global » (porté par les BRICs) assume désormais son projet d'alternative au « Nord global » et à l'hégémonie américaine.

Les principaux acteurs de ce duel, les États-Unis et la Chine, ont développé ces dernières années un arsenal d'une nouvelle nature pour renforcer leur domination : l'utilisation du droit comme une arme de guerre économique, le *lawfare* – contraction de *law* (« droit ») et *warfare* (« guerre »). Après avoir subi les effets ravageurs de ces dispositifs, sans réelle capacité de se défendre, l'Europe a-t-elle la capacité de protéger ses entreprises, instruments de sa croissance et de sa souveraineté ?

LES ÉTATS-UNIS, PIONNIERS DU LAWFARE

« La puissance ne réside plus uniquement dans les forces armées, mais dans la capacité à influencer les règles du jeu économique », avait constaté Pascal Lamy, qui a dirigé l'OMC de 2005 à 2013. Les États-Unis ont compris très tôt l'intérêt d'utiliser le droit international comme vecteur pour affaiblir ou déstabiliser leurs rivaux. Le concept du *lawfare* a été théorisé en 1975 via les travaux de John Carlson et Neville Yeomans, qui décrivent la manière dont « *Lawfare replaces warfare and the duel is with words rather than swords*[1]. » Le droit se révèle une arme efficace pour influencer, contraindre ou affaiblir les acteurs économiques et étatiques et renforcer ses positions sur l'échiquier international. Les États-Unis ont mis en œuvre depuis plusieurs décennies un arsenal de lois extraterritoriales, justifiées en vertu de causes nobles telles que la lutte contre la corruption, la lutte contre le terrorisme, la sécurité énergétique ou la promotion de la démocratie. En s'octroyant simultanément les rôles de législateur, de procureur, de gendarme et de juge, les autorités judiciaires américaines ont pu cibler les grands groupes européens avec une efficacité redoutable.

Adopté en 1977, le Foreign Corrupt Practices Act (FCPA) vise à lutter contre la corruption internationale, interdisant aux entreprises le versement de commissions ou de pots-de-vin à des représentants gouvernementaux et fonctionnaires étrangers afin d'obtenir des contrats. En 1997, la convention OCDE lui confère une portée extraterritoriale. La *lex americana* devient alors une arme redoutable permettant au Département de la justice américain de faire condamner de nombreuses entreprises étrangères : sur plus de 30 entreprises sujettes à des amendes supérieures à 100 millions de dollars, les trois quarts sont non américaines (européennes, sud-américaines et asiatiques), et 66 % des poursuites concernent des entreprises européennes. Ce dispositif a permis de sanctionner plusieurs grands groupes européens de premier plan : Alstom, Siemens, Ericsson, Technip, BAE Systems, ENI, Airbus, Société Générale, Daimler, Rolls-Royce, Alcatel, etc. Les entreprises françaises ont payé 14 milliards de dollars d'amendes depuis 2010. Le système judiciaire américain prévoit en outre systématiquement une période de *monitoring* de trois ans qui peut contraindre les marges de manœuvre des entreprises ciblées.

Deuxième dispositif majeur, les sanctions économiques : depuis la guerre froide, les États-Unis ont établi des listes de pays, d'entités et de personnes avec qui les transactions sont strictement interdites. Ces listes regroupent plusieurs dizaines de milliers de cibles, les *Specially Designated Nationals* (SDN). Les sous-jacents couvrent un large spectre de thèmes qui visent à soutenir la politique étrangère américaine : lutte contre le terrorisme, le trafic de drogues, les violations des droits humains, embargos sur les matériels de défense et les biens à double usage, etc. Ce système complexe de sanctions primaires et secondaires repose sur des critères de rattachement larges (simple utilisation du dollar ou de technologie américaine). Là encore, plusieurs entreprises européennes, dont BNP Paribas ou le néerlandais Allseas, ont été lourdement sanctionnées par l'OFAC (Office of Foreign Assets Control) pour avoir contourné les embargos américains.

L'invocation de la sécurité nationale est une autre arme privilégiée des États-Unis. Le CLOUD Act (Clarifying Lawful Overseas Use of Data Act), mis en œuvre en 2018 en réponse au Règlement général de protection des données (RGPD) européen, permet aux administrations américaines d'accéder aux données informatiques situées dans d'autres pays, au nom de la protection de la sécurité publique aux États-Unis et de la lutte contre les infractions les plus graves comme le terrorisme. Le patriotisme économique et la protection des intérêts américains ont également présidé à la création en 1975 du Committee on Foreign Investment in the United States (CFIUS), organisation interministérielle fédérale qui a pour vocation de bloquer les rachats d'entreprises américaines en invoquant des risques pour la sécurité nationale.

LA CHINE, UNE STRATÉGIE DE LAWFARE EN ÉVOLUTION

De son côté, la Chine s'est appuyée sur le *lawfare* pour élaborer une stratégie de « diplomatie judiciaire ». À travers des lois qui imposent aux entreprises étrangères des contraintes de conformité spécifiques, la Chine a renforcé sa capacité à influencer les entreprises étrangères présentes sur son territoire, tout en favorisant ses propres champions nationaux.

En 2011, les Chinois étendent, sur le modèle américain du Foreign Corrupt Practices Act (FCPA), une loi fédérale américaine de 1977 pour lutter contre la corruption d'agents publics à l'étranger, la compétence des juridictions chinoises pour les faits de corruption d'agents publics étrangers, qui revêt une portée extraterritoriale.

La Chine a multiplié les restrictions légales et les sanctions contre des entreprises américaines ou étrangères. En 2020, elle a mis en place une « liste d'entités non fiables » interdisant aux entreprises étrangères perçues comme une menace pour la sécurité nationale chinoise d'exercer une activité en Chine. En 2024, plusieurs entreprises de défense (comme BAE Systems) ont été sanctionnées pour avoir vendu du matériel militaire à Taïwan.

Sur le volet de la cybersécurité, une loi adoptée en 2017 impose aux entreprises opérant en Chine de stocker les données collectées localement et de les soumettre à des audits de sécurité. Cette exigence est souvent perçue comme un moyen de contraindre les entreprises étrangères à partager des informations stratégiques. En restreignant l'accès au marché chinois aux seules entreprises qui respectent ces lois, la Chine renforce la compétitivité de ses propres entreprises technologiques tout en influençant indirectement les pratiques et stratégies des entreprises étrangères.

La Chine impose également aux entreprises étrangères des règles concernant le transfert de technologies en échange de leur accès au marché intérieur. Bien que ce transfert soit théoriquement « volontaire », il est souvent une condition implicite pour opérer en Chine. Par exemple, de grandes multinationales comme Tesla ont été obligées de créer des coentreprises avec des partenaires chinois, facilitant ainsi l'accès de ces derniers à des technologies de pointe. Cette stratégie a permis à la Chine de renforcer son savoir-faire technologique tout en limitant la dépendance de ses industries aux technologies étrangères.

La loi antimonopole chinoise est une autre arme de *lawfare*. Depuis 2008, elle a été utilisée pour imposer des amendes importantes aux entreprises étrangères, notamment dans les secteurs de l'automobile et de la technologie. Un exemple marquant est l'amende de près d'un milliard de dollars infligée à Qualcomm en 2015.

VERS UNE POLITIQUE DE LAWFARE EUROPÉENNE ?

Face à ces pratiques américaines et chinoises, l'Europe a progressivement pris conscience de la nécessité de se doter de moyens juridiques pour défendre ses intérêts économiques. Cette réponse demeure toutefois encore limitée et sans réelle portée comparée à la force de frappe des dispositifs américains et chinois.

L'Union européenne a tenté de renforcer ses capacités de sanction. Le Règlement de blocage de 1996, réactivé en 2018, est censé protéger les entreprises européennes contre les sanctions extraterritoriales américaines. La jurisprudence européenne a toutefois démontré que ce règlement n'apparaissait pas comme un instrument de protection efficace et que les entreprises européennes étaient fortement incitées à se conformer aux sanctions américaines pour continuer à opérer au-delà des frontières européennes. La France a de son côté mis en œuvre en 2017 la loi Sapin II, imposant des procédures en matière de lutte contre la corruption d'agents publics, avec l'objectif de créer un paratonnerre pour éviter les foudres du Département de la justice américain (DOJ), ou *a minima* les contenir.

En matière de protectionnisme économique, l'Union européenne a adopté en 2019 un cadre de contrôle des investissements directs étrangers (IDE) pour mieux surveiller les acquisitions étrangères dans les secteurs stratégiques. Inspiré du Committee on Foreign Investment in the United States (CFIUS), ce cadre permet aux États membres d'examiner les investissements étrangers pour des raisons de sécurité nationale ou de protection de l'ordre public. Cependant, chaque État membre garde la décision finale, ce qui limite la portée de cet outil à l'échelle européenne.

La Commission européenne a lancé des initiatives pour encourager les entreprises européennes à se défendre face au *lawfare*. La loi sur les services numériques (DSA) et la loi sur les marchés numériques (DMA), entrées en vigueur en 2023, visent à limiter les abus de position dominante de certaines multinationales, en particulier dans le secteur numérique. En imposant des obligations de transparence et des contrôles stricts sur les données, l'Europe espère réduire la dépendance aux grandes entreprises américaines et renforcer l'autonomie de son économie numérique.

Celui qui excelle à résoudre les difficultés le fait avant qu'elles ne surviennent. (Sun Zu)

Le *lawfare* est devenu une arme puissante dans la rivalité économique internationale. Les États-Unis et la Chine utilisent depuis longtemps le droit comme un outil stratégique pour influencer et contraindre des entreprises et des États concurrents. Face à ces deux puissances, l'Europe élabore une réponse mais reste vulnérable en raison de sa dépendance économique et de son manque d'harmonisation législative. Le défi demeure de taille : l'Europe a été affaiblie par le Brexit (soutenu par les États-Unis), et les principaux États européens ne sont pas alignés dans la réponse à apporter aux attaques de concurrents économiques, partagés entre une vision atlantiste et une aspiration à la souveraineté en matière de défense comme en matière économique.

L'Europe doit renforcer ses instruments juridiques et se doter de moyens pour protéger ses intérêts économiques. Les dispositifs d'intelligence économique doivent être élargis et systématisés afin d'anticiper – voire d'influencer – ces mesures juridiques. Les dirigeants des entreprises doivent également être mieux informés des enjeux du soft power et de la guerre économique, et se défaire de toute naïveté en la matière. Il faut bien plus sensibiliser les entreprises aux menaces, comme l'a récemment préconisé le rapport sur la sécurité économique des entreprises remis par Geoffroy Roux de Bézieux au président de la République. La recrudescence des rivalités doit servir d'aiguillon à l'Europe pour relever ce défi : donner les moyens aux entreprises de se défendre, et garantir ainsi la souveraineté des États membres.

Jérôme Louvet

1. Le *lawfare* remplace le *warfare* et le combat se fait avec les mots plutôt que des épées.

3

Contre-champs

EXPLORER LE FUTUR
DANS UN MONDE IMPRÉVISIBLE

Nous vivons le temps de l'incertitude. Auparavant, l'intelligence stratégique, l'intelligence du futur, misait sur la collecte de données, son enrichissement, la protection de l'information et le jeu optimisé de l'influence pour gérer au mieux des risques quantifiables. Pour Claudie Haigneré, à la fois scientifique, spationaute et ancienne ministre, l'incertitude renouvelle notre rapport au risque : nous connaissons une période critique mixant complexité, intrication des déterminants, accélération, limites, angles morts, ruptures. Quel type d'intelligence peut nous aider à nous projeter avec résilience dans un avenir où l'on doit abandonner à la fois le monde d'hier et le futur d'hier ? Comment explorer le futur et agir même dans l'incalculable et l'imprévisible ? Sans aucun doute, avec une grande humilité intellectuelle, de nouveaux modes de pensée avec une prospective qui prenne aussi en compte l'inconnu et une posture d'ouverture à d'autres regards, une intelligence collective, assistée par toutes les formes d'intelligence artificielle mais aucune ne saura « déplier » l'incertain. Risque et incertitude se combinent. Mais n'est-ce pas une façon d'éprouver la pleine valeur de notre existence d'hommes libres et intelligents ?

INCERTITUDE : ENTRE DYSFONCTIONNEMENT ET OPPORTUNITÉS

Le risque est une incertitude que l'on peut mesurer, à la différence de l'incertitude qui n'est ni calculable, ni quantifiable. D'un côté, l'incertitude déstabilise, elle peut provoquer des dysfonctionnements, voire des états de sidération, mais elle offre aussi des opportunités, ouvre sur des possibles non envisagés. Et elle nous oblige à passer d'une culture d'ingénierie du risque à une culture d'anticipation, sans préjuger du résultat mais en recherchant l'impact maximal. C'est un peu ce que la démarche scientifique nous propose avec sa logique d'expérimentation : saisir les potentialités de l'inconnu car il y a du possible encore invisible, sans craindre les risques de l'incertain en construisant l'intelligence et la confiance collective « chemin faisant », idéal sociétale et démocratique, certes questionné aujourd'hui.

De l'autre côté, l'incertitude amplifie la non-acceptation par certains d'un monde qui se transforme si vite. L'exigence de véracité est proclamée à l'unisson, la désinformation montrée du doigt. Mais lorsque l'on évoque une vérité scientifique, qu'il s'agisse du changement climatique ou de la nécessité de la vaccination contre la Covid-19, le déni se fait parfois entendre fortement, se prononçant non pas sur les technologies mais sur les images auxquelles notre esprit les associe.

C'est justement tout l'intérêt de l'intelligence stratégique : ne pas se limiter à la collecte d'informations mais avancer sur des argumentaires de rationalité. Bien que la seule rationalité soit parfois inopérante pour faire évoluer les mentalités et les comportements : voilà trente ans que les discours scientifiques ont apportés et continuent d'apporter des données rationnelles sur le changement climatique, sans réussir à provoquer une mise en action à la hauteur des enjeux.

Faut-il aller jusqu'à l'urgence pour se mettre en action, pour rompre avec une forme d'inaction sur la question du changement climatique ? Le citoyen consent à quelques efforts de sobriété mais sans plus, car il considère que c'est à l'entreprise de contribuer en lui proposant des alternatives efficaces. Celle-ci accepte de « se verdir », un peu, mais sans perdre en compétitivité et surtout, elle refuse d'y aller seule. Elle estime que c'est à la puissance publique de s'en charger qui, elle-même, juge qu'elle ne peut pas tout faire. Chacun se renvoie la balle des responsabilités et ces trois composantes dessinent un formidable triangle d'inaction par lequel nous sommes tous désarmés. Entre le risque lié à nos actions et les risques de nos inactions et de notre procrastination, comment placer stratégiquement le curseur ?

INTÉGRER DES DONNÉES ET DES PENSÉES ISSUES DE DIFFÉRENTS SILOS

Les scientifiques pensent parfois à tort qu'ils sont dispensés d'effort de « vulgarisation », or il est indispensable de se mettre en dialogue, en exposant les connaissances et réflexions de façon compréhensible, dans un langage qui ne soit pas hermétique au politique comme au public. Mais ce n'est qu'une première étape. Si, nous, scientifiques, émettons des arguments, nous ne sommes jamais sûrs de leur réception et de la réaction qu'ils peuvent induire. D'où l'incertitude par rapport à l'impact et aux actions engendrées. C'est pour cette raison qu'une intelligence stratégique développée doit être actionnable, même si elle recèle une part d'incertitude. Plus cette intelligence intégrera dans sa collecte des données et des pensées issues de différents silos disciplinaires, de cultures extra-occidentales, mieux elle pourra être actionnée globalement. Outre l'incertitude de l'avenir, il peut exister une incomplétude liée à ce manque d'ouverture et à l'insuffisance de la contribution des humanités aux côtés des arguments rationnels.

Or l'intelligence collective s'amplifie et est mieux acceptée si elle se base sur un esprit d'ouverture. J'ai eu l'immense chance de vivre en Russie à partir de 1992, moment où nous sortions à peine de l'affrontement Est-Ouest, et jusqu'en 2001. Nous avons construit ensemble la station spatiale internationale (ISS). Aussi, je suis bien placée pour savoir ce que la diversité peut nous apporter si on se fixe des objectifs communs dans la coopération scientifique pour la connaissance et dans l'action conjointe face aux enjeux globaux comme le changement climatique. On ne répétera jamais assez l'importance primordiale de s'ouvrir à d'autres cultures, qui nous enrichissent. En en faisant une intégration experte, c'est aussi une façon de maîtriser l'hypertrophie des big data, en évoluant vers des smart data plus stratégiquement intelligentes.

ASSOCIER CEUX QUI SONT CONFRONTÉS À LA COMPLEXITÉ DE L'HUMAIN

Dans ma carrière spatiale, j'ai beaucoup travaillé sur des programmes d'installation d'infrastructures permanentes sur la Lune, pour y accueillir des équipages et rendre possible la trajectoire future de l'exploration spatiale. C'est une destination qui nécessite de penser différemment, car nous sommes dans un « ailleurs » où existent de nombreuses contraintes liées à un environnement très hostile. Nous sommes obligés de trouver des solutions à impact minimal et efficacité maximale. La recherche de ces solutions n'est pas systématiquement liée à une innovation technologique disruptive, elle peut et doit s'élargir à des propositions de frugalité, s'ancrer dès le départ dans une démarche régénérative, et accueillir des concepts d'innovation d'autres cultures. En tant que rhumatologue de formation, je suis attentive par exemple aux pratiques de la médecine chinoise ou autres médecines traditionnelles pour enrichir notre pratique insatisfaisante. L'ouverture aux civilisations et aux sciences d'autres continents peut aider à produire davantage d'intelligence stratégique. C'est aussi le cas dans notre propre sphère disciplinaire de chercheurs et ingénieurs, dits de sciences « dures ». La complexité du monde doit être appréhendée par ceux qui sont confrontés à la complexité de l'humain, comme le corps médical, le monde éducatif et les spécialistes de sciences humaines et sociales, anthropologues, philosophes, sociologues, historiens, économistes, géographes. Il faut sortir de nos « zones de confort » et enrichir l'intelligence en s'appuyant davantage sur les humanités, afin de comprendre, de réagir, de dépister les biais cognitifs et toute l'implication de l'humain. Pour partager l'information, s'enrichir mutuellement et piloter humainement l'incertitude.

UNE CAPACITÉ À MOBILISER VERS L'ACTION

L'incertitude, c'est aussi et tant mieux, l'opportunité de laisser place à un domaine de volonté, un espace de liberté, de responsabilité, de donner une prise sur l'avenir.

Les vérités de demain restent à découvrir. Si tout était déterminé, il ne resterait plus qu'à se comporter comme dans l'Antiquité et s'en remettre aux dieux, aux augures, aux pythies ou alors camper sur la rationalité stricte du XIXe siècle qui claquait la porte à toutes autres interprétations.

Oui, l'incertitude demeure aussi parce que la réception de nos messages est sujette à interprétation, voire à dénaturation et à interpellation. Et il est normal que le « récepteur » n'absorbe pas sans la discuter la parole du sachant, de l'expert. Ce n'est pas toujours un déni de vérité, c'est aussi un relativisme plus ou moins marqué, une méconnaissance, une désaffection. L'intelligence stratégique doit avoir une capacité à mobiliser vers l'action, une capacité d'influence pour ne pas rester dans une situation ambiguë, entre inaction et opposition. Aujourd'hui la polarisation du débat domine, pour ou contre, et rarement dans la nuance. Or, l'incertitude est toute en nuances. Lorsque j'étais ministre de la Recherche en 2002-2003, la France s'est engagée sur un grand projet mondial de conquête d'une énergie inépuisable, propre et qui préserve l'environnement, le réacteur de recherche sur la fusion nucléaire (ITER), un sujet sur lequel on ne pouvait pas délivrer immédiatement ni certitude ni résultats. Or, s'il existe une exigence de véracité et de résultats, il n'est pas toujours possible de répondre à court terme lorsqu'il s'agit de travaux de recherche. Un projet de la plus haute importance et de la plus haute intelligence peut être mis en danger faute de réponses instantanées dans le cadre d'une exploration incertaine à long terme.

La réflexion intellectuelle et scientifique est évidemment un préalable indispensable, ensuite, c'est une autre paire de manches que de la partager sans la dénaturer et que de mettre en œuvre des actions afférentes.

L'ACCEPTABILITÉ DE LA PAROLE DE L'EXPERT, ENTRE DÉNI DE LA SCIENCE ET DÉNI DE LA DÉMOCRATIE

J'ai toujours promu le débat public, souvent confisqué par les experts (auxquels on a recours dans la complexité), mais qui a grandement progressé avec les conférences citoyennes sur le climat ou les conférences de consensus en médecine, par exemple. J'avoue regretter encore la manière dont le débat public sur les nanotechnologies en 2009-2010 a été perturbé, parfois violemment, conduisant à annuler des réunions alors qu'il s'agissait d'informer sur leur développement mais aussi sur toutes les questions et les inquiétudes autour de cette nouvelle discipline. On en revient au problème de l'acceptabilité de la parole de l'expert, dans un contexte ambigu, lesté d'angles morts et d'incertitudes. La démarche scientifique, avec sa méthode et sa logique d'expérience, devrait être cet instrument de création de confiance et ce vecteur d'une démocratie éclairée. Elle est aujourd'hui bousculée par la surinformation difficile à vérifier sur les réseaux sociaux, par notre difficulté à absorber obsolescence et accélération, par l'impératif d'immédiateté. Il nous faut préserver notre capacité d'agir entre déni de la science et déni de démocratie, rester ancré sur nos valeurs, distinguer ce que l'on sait de ce que l'on croit savoir, et s'efforcer de maintenir le dialogue en s'armant de bon sens et de bonne foi. Au cours de mon expérience personnelle, j'ai parfois ressenti l'inconfort d'un horizon temporel trop limité, de schémas de pensée trop étroits, de faillite à introduire la pluralité de façon véritablement inclusive. Pour l'intelligence stratégique, c'est une remise en cause considérable qui doit lui assurer sa capacité d'influence. Personne n'est capable de prévoir l'imprévisible, mais ce ne doit pas être un frein à l'action.

BÂTIR POUR LES JEUNES UN NARRATIF QUI DONNE ENVIE

Ne vous y trompez pas, je suis une optimiste, j'appartiens à la génération Apollo, celle de la croyance au progrès technique et à la science. On y allait à l'époque avec audace, et parfois, je l'avoue, excès de confiance en nos capacités de maîtrise ! Aujourd'hui, les jeunes ingénieurs disent qu'ils ne peuvent plus se permettre de rêver, d'explorer, contraints par les urgences terrestres. Or, renoncer à l'exploration n'est pas une option pour moi : c'est déjà renoncer à l'avenir de l'humanité. Il faut combattre ce constat de catastrophe, ces discours de résignation et, au contraire, proposer un narratif qui donne envie d'agir, un discours mobilisateur d'avenir afin d'ouvrir des possibles actionnables dans l'incertitude et l'urgence, avec audace, sagesse et responsabilité. N'y a-t-il pas un chemin pour des utopies « réalistes » entre les utopies de la science-fiction de mon enfance et les incontournables dystopies actuelles, pour réenchanter notre imaginaire collectif ? Entre des mondes virtuels porteurs de promesses et d'illusions, et des ailleurs à explorer autrement, il y a de quoi s'engager dans l'action.

Cette jeune génération est porteuse de l'envie de changer le monde, elle recherche l'authenticité et nous devons accompagner le désir de ces talents, avec ouverture d'esprit, pensée éthique, sagesse de l'expérience, en construisant avec eux le récit positif et réenchanté de l'avenir. Je suis convaincue que l'exploration de « l'ailleurs » y contribue, en s'autorisant à prendre de la distance et en élargissant son champ de vision. Notre curiosité humaine nous pousse à soulever le rideau obscurcissant. Regardez tous ces jeunes qui s'enthousiasment pour Thomas Pesquet et suivent ses missions spatiales sur les réseaux sociaux, en appétit d'un « ailleurs » et d'un « autrement ». Ces bâtisseurs du futur gérèrent l'attractivité pour ces métiers à créer, et c'est plein d'espoir.

UNE RÉFLEXION POUR DÉFINIR ET CONSTRUIRE L'INTELLIGENCE DU FUTUR

Aujourd'hui, il est impossible de se fixer des objectifs avec certitude quand l'incertain, l'imprévisible surgit. Même sur le changement climatique, ne baissons pas les bras, agissons pour le monde de demain ! Et, restons humbles ; c'est « chemin faisant » que l'on va découvrir, comprendre, atténuer les incertitudes et bâtir l'indispensable résilience. C'est donc sur le chemin de demain que l'on doit s'engager, un chemin d'apprentissage, parcouru ensemble, en coopération, en solidarité, en gardant l'humain et sa dignité au centre des enjeux.

C'est pourquoi je conçois l'intelligence stratégique avant tout comme une réflexion pour orienter et construire l'intelligence du futur, permettant ensuite de faire des choix « souverains » (et européens) qu'ils soient d'ordre diplomatique, politique, économique, sociétal ou autres pour agir aussi en « méconnaissance » de causes dans un monde complexe et ambigu. Ce doit être une intelligence au service de la décision, de l'influence, de la mise en œuvre, en bon compagnonnage avec les bascules du monde d'aujourd'hui et l'incertitude du monde de demain. Une intelligence stratégique impérativement intelligente, et presque un art !

Claudie Haigneré

“J’ÉCRIS DES CHOSES COMPLIQUÉES SANS PRÉTENDRE À LA VÉRITÉ MAIS À L’HONNÊTETÉ INTELLECTUELLE QUI REND COMPTE DE LA RÉALITÉ.”

« Lorsque la fiction est la même pour tous, elle devient réalité », écrit Marc Dugain dans son roman *Tsunami*, une fable politique publiée en 2023. Après une première vie d’homme d’affaires, il prend la plume pour écrire *La Chambre des officiers*, un livre couronné par plusieurs prix littéraires en 1998. Le romancier, qui côtoie depuis toujours le monde du renseignement, ne cache pas son intérêt pour les frontières mouvantes de ce monde parallèle. Sa bibliographie porte haut sa fascination pour l’envers du décor, la confrontation entre fiction officielle et histoire personnelle. S’insurgeant contre la tendance actuelle qui veut que le mensonge a la même valeur que la vérité, il réfute cette fainéantise intellectuelle et continue dans son œuvre à s’interroger sur la part de vérité acceptable dans le message que délivre le pouvoir.

Vos livres suggèrent une relation intime et ancienne avec le renseignement. Est-ce un lien réel ou romanesque ?

J'ai été bercé par le renseignement, certes de façon discrète car personne n'en parlait ouvertement, mais j'y ai été sensibilisé familialement. D'abord parce que mon oncle et parrain, très présent dans mon éducation, qui me considérait comme son fils, appartenait à la DGSE. Résistant, il avait été décoré par la reine Elizabeth pour les renseignements qu'il avait recueillis durant l'Occupation sur la base allemande de sous-marins de Bordeaux et transmis aux Britanniques. Il avait alors à peine 21 ans. Quant à mon père, physicien, il a été l'un des artisans du nucléaire français. J'ai appris bien plus tard, car je n'ai pas pu m'empêcher d'enquêter puis d'écrire sur lui, qu'il était très lié au patron du SDECE. Je n'oublie pas ma mère, une des rares chefs d'entreprise parmi les femmes de sa génération, qui a noué des contacts dans de nombreux pays peu faciles d'accès, notamment en Irak, où elle a rencontré Saddam Hussein. Elle devait aussi frayer avec ce milieu. De nombreuses histoires ont jalonné mon parcours, avec un monde parallèle très présent.

Vous n'avez jamais été tenté de vous engager dans ce monde-là ?

Malgré ce tropisme familial, une carrière d'espion ne m'a jamais tenté, n'ayant jamais eu la moindre envie de travailler au sein d'une structure de plus très hiérarchisée. Cela demande une psychologie très spéciale d'accepter de risquer sa vie dans l'ombre, sans jamais pouvoir en parler, en faisant face seul en cas d'échec et sans reconnaissance, sinon une breloque à la retraite.

C'est un monde fascinant, du point de vue intellectuel, à condition d'être au bon endroit et au bon poste et je n'avais pas suivi les études qui y menaient. Si j'ai eu parfois un parcours à la frontière, j'ai pensé être plus utile en dehors que dedans. Même si des services iront raconter que je travaille pour eux, j'ai axé ma vie sur mon indépendance. Ce qui ne m'a pas empêché d'être menacé de mort sur plusieurs affaires et interdit de séjour en Russie. Il existe aussi une convergence avec le monde des journalistes d'investigation par des échanges d'information : comment intoxiquer et se faire intoxiquer ? C'est passionnant sur le plan romanesque. J'ai la chance d'avoir certains contacts à haut niveau dans le renseignement, susceptibles de m'alerter si je fais fausse route. Malgré tout, même quand je connais très bien une affaire, je garde toujours au fond de moi le doute d'avoir été manipulé, alors que je creuse pendant des mois et des années les sujets sur lesquels je travaille, sur lesquels je consulte des dizaines de sources. Ces dernières années, s'est imposé ce phénomène absolument incroyable, qui est que le mensonge a la même valeur que la vérité. Alors quand j'entends des gens qui ne sont au courant de rien, qui n'ont aucun lien avec les services, vous expliquer tranquillement comment s'est déroulé tel ou tel événement, je suis sidéré par cette fainéantise intellectuelle, ce « prêt-à-porter » de la pensée. Voilà comment on réussit à manipuler des opinions entières.

Comment vous arrangez-vous entre réalité et fiction dans vos livres ? Devez-vous arbitrer entre la position d'enquêteur et celle de romancier ?

J'ai une chance formidable : la liberté de prendre tout mon temps pour enquêter, lire, rencontrer des gens, car je ne subis pas les contraintes de la presse. Je me définis comme un romancier, plus que comme un écrivain : mes romans se construisent tous à partir du réel, mais jusqu'à présent je ne m'étais jamais mis en scène, même si on me reconnaît, car j'avais besoin de garder ce regard extérieur. Dans mon dernier livre, *L'Avion, Poutine, l'Amérique et moi*, je franchis le pas : je raconte justement un pan de mon existence à la limite de ce monde parallèle. Un ami de plus de vingt-cinq ans m'a appelé après l'avoir lu, me disant qu'il était bouleversé de réaliser qu'il ne me connaissait pas vraiment. C'est le propre de tous ceux qui font partie de ce monde... même si je n'en fais pas partie.

Si je mélange réalité et fiction, c'est pour approcher au plus près de la réalité. Quant à la vérité... elle est envisageable sur des choses simples mais il est impossible d'y prétendre sur des sujets complexes. Dans mes histoires, j'écris des choses compliquées sans prétendre à la vérité mais à l'honnêteté intellectuelle qui rend compte de la réalité. C'est mon pouvoir de romancier de tenir une ligne de conduite.

La confrontation entre la grande histoire et des personnes lambda est au centre de mon intérêt littéraire. Il me faut non seulement de l'inspiration mais aussi une véritable motivation quelle qu'elle soit. La mienne, lorsque j'ai commencé à écrire, a été d'opposer une fiction personnelle, celle de mon grand-père défiguré pendant la Grande Guerre, à une fiction institutionnelle. Mon premier livre, *La Chambre des officiers*, s'inspirait de mon histoire familiale. Ce que j'ai appris sur le début de la Grande Guerre n'a rien à voir avec ce que l'on raconte dans les livres.

Quelle est la part de vérité acceptable ? Connaître la vérité sur l'assassinat du Président Kennedy aurait-il pu changer le cours de l'histoire ?

L'envers du décor me fascine. La motivation constante, celle du pouvoir, c'est de savoir ce que les autres ignorent. On peut garder un secret en parlant beaucoup ou en ne disant rien. M'inscrivant dans la contre-fiction, je m'intéresse avant tout à la manière dont le pouvoir livre sa propre fiction. Par exemple, les États-Unis sont-ils prêts aujourd'hui à faire face à la vérité sur l'assassinat de John Fitzgerald Kennedy, à accepter qu'un coup d'État contre un Président légitimement élu a réussi ? La question reste toujours la même : quelle est la part de vérité acceptable dans le message que délivre le pouvoir ? Pourquoi autant de résistance soixante après l'attentat de Dallas, en s'accrochant à la théorie d'un tireur isolé ? Ce sont ces questions qui sont à creuser plutôt que de rester obnubilé par la culpabilité du seul Lee Oswald, qui ne savait pas tirer et a commandé son fusil par la poste. Révéler la vérité serait un énorme électrochoc pour la société américaine. Bien sûr, si on rendait tout public, certains en feraient un mauvais usage, mais nos démocraties méritent-elles ces mensonges ?

Le naufrage du sous-marin *Koursk* pose autant d'interrogations sur le pouvoir russe : pourquoi l'équipage a-t-il été abandonné à la mort alors que certains auraient pu être sauvés ?

Vous avez écrit La Malédiction d'Edgar *: qu'avez-vous appris sur le mensonge en compagnie du directeur du FBI ?*

C'est en travaillant sur Kennedy que je me suis rendu compte que J. Edgar Hoover, qui a dirigé le FBI pendant près de cinquante ans, était le vrai sujet, représentait l'archétype du mensonge américain. Au fond, ce qui m'intéresse, c'est la psychologie et le fonctionnement de l'esprit humain : par exemple, comment quelqu'un vivant sous couverture depuis vingt-cinq ans se « dissocie » littéralement. Parfois, j'ai en face de moi quelqu'un qui me dit n'avoir rien fait, alors que je sais pertinemment le contraire. Je suis bien conscient que cette personne ne ment pas : elle s'est convaincue elle-même.

Il est des situations dans lesquelles il est difficile même de construire une légende. D'ailleurs, certains pensent qu'être écrivain est une couverture parfaite !

Les choses sont toujours plus complexes qu'elles ne paraissent. Aujourd'hui, on nous offre une fausse simplicité, nous assenant qui sont les bons et les méchants. Une simplicité accentuée avec le numérique et les réseaux et qui culmine avec les complotistes. Or la complexité est telle, par exemple au Proche-Orient, qu'il faudrait des milliers de pages pour un début d'explication.

Nous avons aussi péché par naïveté et par cupidité, un couple qui fonctionne bien dans le domaine économique. Après avoir cassé les murs et les territoires, libéralisé les échanges et, soyons honnêtes, cherché une production à moindre coût, les inévitables transferts de technologie ont permis à d'autres puissances de maîtriser et de fabriquer à notre place. D'autant que nous ne réagissons plus en citoyens mais en consommateurs qui, en cas de guerre aux portes de l'Europe, s'inquiètent uniquement de l'augmentation du prix du gaz ou du blé.

Le monde n'a jamais été aussi embrouillé qu'aujourd'hui. Par exemple, pendant la guerre froide, le renseignement économique se confondait avec le pur espionnage à visée militaire. Maintenant, il existe forcément une interpénétration : si vous possédez des intérêts en Iran, il est préférable de savoir ce qui s'y passe. Le service public de renseignement a toujours accompagné les intérêts privés, cela relève aussi d'une certaine idée que l'on se fait de la France.

VÉRITÉ ET PAROLES, UN DÉTOUR PHILOSOPHIQUE PAR LA GRÈCE ET LA CHINE

Le philosophe, helléniste et sinologue François Jullien a étudié dans son livre *Le Détour et l'accès* comment les Chinois privilégient l'expression allusive et la subtilité d'un abord de biais. Il revient sur les différences du dire entre la culture européenne et celle du monde sinisé et l'acceptation fort différente des notions de vérité, sincérité, mensonge. Lorsque la vérité est érigée en dogme par la chrétienté, les Chinois recherchent la confiance et la fiabilité, privilégient l'allusif. Professeur à l'université Paris-Diderot et titulaire de la chaire de l'altérité à la Fondation Maison des sciences de l'homme jusqu'à 2020, le philosophe décrypte le mythe européen de vérité et de la transparence, l'illusion de voir à travers la conscience.

La vérité est un grand mythe européen, d'origine grec puis déployé dans le contexte chrétien. Elle renvoie à la transparence, à la sincérité. La vérité, c'est aussi voir au fond des cœurs car rien n'échappe à la vision de Dieu (« L'œil était dans la tombe »...). Le pouvoir divin voit tout car sa puissance traverse l'opacité, l'obscurité.

Les chrétiens honnissent le mensonge. Saint Augustin, qui y a consacré deux ouvrages, le rejette sous toutes ses formes, il n'est jamais permis d'en user, en aucune occasion, même pour ramener quelqu'un à la foi. Les penseurs du XVIIIe siècle s'opposent sur cette question : pour Emmanuel Kant, le mensonge est toujours moralement répréhensible, jamais juste « car le mensonge nuit toujours à autrui : même s'il ne nuit pas à un autre homme, il nuit à l'humanité en général et il rend vaine la source du droit ». Quant à Benjamin Constant, il défend le droit de mentir par humanité dans *Des réactions politiques* : « Le principe moral que dire la vérité est un devoir, s'il était pris de manière absolue et isolée, rendrait toute société impossible [...]. Dire la vérité est un devoir. [...] Là où il n'y a pas de droits, il n'y a pas de devoirs. Dire la vérité n'est donc un devoir qu'envers ceux qui ont droit à la vérité. Or nul homme n'a droit à la vérité qui nuit à autrui. »

TRANSPARENCE : L'ILLUSION DE VOIR À TRAVERS LES CONSCIENCES

Depuis quelques années, le culte de la transparence a été érigé en idéal, en exigence éthique dans le monde de l'entreprise et de la politique, alors qu'il s'agit d'une illusion reposant sur la mythologie, celle de voir à travers les consciences. D'autant que la pénombre est indispensable, permettant de garder des points de suspension, de ménager du secret. La lumière crue va à l'encontre du fait de faire des affaires alors que le clair-obscur lui sied. La pénombre est féconde. Secret n'est pas mensonge : il a quelque chose de légitime, de l'ordre de l'intime, qui ne se laisse pas contraindre à la parole, qui ne se laisse pas soumettre à la clarté.

Tout dire, *parrhèsia* en grec, ou la possibilité de tout dire, renvoie au privilège des citoyens de prendre la parole. L'époque antique traduit fiabilité par sincérité. Non, c'est tenir parole, c'est tenir ce que l'on dit : viable car fiable. Ce qui remet en question le rapport de la parole et du non-dit. Quand c'est dit, c'est dit et c'est fini. La parole égale le discours qui engendre une réalité parallèle aux comportements, qui le double en quelque sorte. La liberté politique est liée à la parole, seul moyen d'éviter la violence.

CHINE : CONFIANCE PLUTÔT QUE VÉRITÉ

Pour Confucius, il convient d'être économe en paroles, de les mettre en retrait car parler encombre. La parole ne doit pas être véridique mais effective. En Chine, le maître parle moins qu'il n'indique. Dire limite le sens et le rend stérile alors que l'allusion maintient la parole ouverte sur son déploiement. Côté grec, le discours et le mythe cherchent à expliquer, en Chine, la parole tend à élucider, à indiquer.

Cette différence explique en partie le rapide désenchantement qui a suivi l'ouverture du marché et la réputation de menteurs qu'ont gagnée les Chinois. La culture européenne fonde la confiance sur la sincérité. En revanche, celle du monde sinisé n'accorde aucun crédit ni intérêt à la sincérité, il serait même plutôt insolent de dire ce que l'on pense. Et d'abord, qu'est-ce que je pense, ne peut s'empêcher de questionner le philosophe ? Peut-être que je ne pense rien.

À l'opposé, si on tient ce que l'on dit, viennent la confiance, la fiabilité, la viabilité. Car dans la culture chinoise, la notion que le mensonge puisse être répréhensible et que Dieu ait la possibilité de regarder au fond du cœur n'existe pas. On ne cherche ni ne vante la transparence mais plutôt la confiance, qui n'est liée en rien à la transparence mais à ce que l'on a partagé, aux rapports de frictions dans les affaires : on se frotte, parfois en se piquant, à travers différentes phases, que ce soient des moments de réflexion, des hauts, des ruptures. C'est au cours de ce processus que vient la confiance. La fiabilité est aussi une notion fondamentale : on ne s'oblige pas à tout dire, à esquiver les zones de pénombre. Quelque chose naît du comportement dans la durée qui assure que quelqu'un est fiable, la confiance vient après l'épreuve des frictions.

C'est la même chose en peinture, Picasso disait qu'achever une œuvre, c'était comme achever un taureau.

THÈSE ET ANTITHÈSE, UNE AFFAIRE EUROPÉENNE

Laisser penser, juste commencer à dire est plus efficace que de dire, c'est engager quelque chose qui peut se déployer. Ou alors dire à peine, tenir des propos subtils, insinuer et suggérer. Car tout dire arrête de dire alors que commencer de dire ouvre une possibilité. Nul besoin de verbaliser ou d'affirmer. Dire une chose, c'est la détacher du silence, se prononcer sur son importance, la souligner.

Un comportement qui fait également montre de prudence dans des civilisations où on risque sa tête pour un mot. Pourquoi faudrait-il à tout prix dire son opinion pour la faire comprendre d'autrui, quel besoin d'en faire un objet de discours, de l'étaler ?

Dans la Chine post-maoïste, les gens ne disent toujours pas ce qu'ils pensent, ou alors de biais. D'ailleurs les anciens traités militaires chinois recommandent l'attaque de biais à l'opposé de la bataille rangée et du choc frontal des phalanges européennes.

LE MONDE DE L'ALLUSIF ET DE L'INFLUENCE

Je suis sensible au fait que la pensée chinoise repose sur l'allusif, ne va pas tout dire pour garder l'essentiel. Leur rapport au monde se lit en termes de flux, d'influx, d'influence, de flux en interactions avec une grande sensibilité à la ressource pratique et picturale.

Le verbe persuader n'a pas de traduction en chinois, il s'agit plutôt d'influence : à l'image du vent, on ne le voit pas mais on aperçoit les feuilles bouger discrètement. C'est un compromis entre le silence et une parole tamisée. On peut négocier sans se heurter, s'entendre sans l'arête (tranchante) de la parole. Ainsi, la figure de l'orateur de l'Antiquité n'a pas d'équivalent en Chine, où n'ont aucune place la parole face à face et l'expérience rhétorique. Loin d'être universels, thèse et antithèse sont incompris en Orient. Qu'il existe sur toute question deux discours contraires, depuis Protagoras au Ve siècle av. J.-C., ne s'entend pas en Chine. Le tout-dire, la sincérité, dire ce que l'on pense et le livrer aux autres est européen, hérité de la figure de l'orateur. En Chine, on s'accuse soi-même, en Europe, on se défend.

INFLUENCE AU MAUVAIS SENS DU TERME

Sur le plan politique, je reste grec : plaider le pour ou le contre, le partager et chercher à persuader est un exercice de pensée indispensable à la société.

Mais quand l'Europe passe du stade du penseur à celui de l'influenceur, j'y vois le signe du renoncement à sa rationalité constitutive, ce qui a fait sa force. Sont abandonnés en cours de route les arguments, l'abstrait, quelque chose de l'ordre de la vérité, de la justice. Nous perdons ce qui a été l'exigence de la pensée. Oui, cela demande un effort de construire la pensée et cela va de pair avec la rigueur de la langue française. Qu'en reste-t-il aujourd'hui ?

La confiance intellectuelle de l'Europe s'affaiblit, nuisant à sa capacité d'engagement dans cet enjeu de vérité sur le terrain du débat. Mépriser l'effort intellectuel, essentialiser la désactivation de la dimension de l'esprit provoque de nouvelles menaces.

Penseur ou influenceur, ce n'est pas pareil. Époque réactive ou réflexive, il faut choisir.

François Jullien

GARDER LE RISQUE À DISTANCE

La culture du risque, Catherine Destivelle ne connaît pas, et surtout ne s'y reconnaît pas. Interrogée sur l'acceptabilité ou la maîtrise du risque, la championne d'escalade des années 1980, qui s'est tournée ensuite vers les sommets de l'alpinisme, répond préparation et anticipation. Celle qui s'est attaquée en solitaire aux trois grandes faces nord des Alpes, qu'elle a gravies en hiver après des expéditions dans l'Himalaya, s'exprime sur l'imprévu et des frontières du risque, mouvantes en montagne.
Autrice de plusieurs livres, Catherine Destivelle a créé en 2013 les éditions du Mont-Blanc, où elle applique la même philosophie du risque maîtrisé : toujours assurer ses arrières pour limiter la casse en cas de pépin, en se diversifiant, en jouant l'équilibre, et en gardant une porte de secours. Une conception du risque que ne renieraient pas les professionnels de l'intelligence stratégique.

Mon objectif n'a jamais été de prendre des risques mais bien de les minimiser. La préparation de chaque expédition était très importante et je n'étais pas seule à cette étape : j'avais besoin et j'écoutais l'avis des autres pour comprendre leurs réactions dans une situation donnée. Il ne s'agissait pas de demander n'importe quoi à n'importe qui mais de m'appuyer sur des gens qui ont une connaissance de la montagne, une perception *a minima* de ce que j'allais faire. C'est un peu comme si on révisait collectivement un examen, en essayant de ne pas faire d'impasse... même s'il y a des sujets mieux maîtrisés que d'autres. Ensemble, on mettait le doigt sur les risques pour mieux les écarter.

Cette exigence dans la préparation donne de la marge et permet de bien réagir lorsqu'on se retrouve dans des situations, disons un peu surprenantes. Cela évite de se « déballer ». Même si la connaissance est importante en amont, cela n'évite pas l'imprévu qu'il faut être capable d'analyser à l'instant T.

D'autant que la frontière du risque est mouvante, car la montagne change en raison du réchauffement climatique et devient plus dangereuse. À certains endroits, elle bouge. D'où l'importance de choisir les bons terrains, de modifier sa tactique si besoin, de se méfier des chutes brutales de température. Les jeunes partent maintenant avec des routeurs météo pour les prévisions. Toutefois, avec le réchauffement, impossible d'anticiper les coulées de neige, les pans de montagne qui s'écroulent, le froid qui s'installe brusquement.

Éviter le risque, c'est se préparer avec des personnes qui souhaitent aider, rassurer, qui sont bienveillantes. C'est ainsi que l'on construit sa confiance. Je le sais car mes parents m'ont élevée ainsi. Ils m'ont laissée faire le tour de l'Oisans à l'âge de 13 ans. Mon sac était bien trop lourd car je n'y connaissais rien et je l'avais rempli à ras bord. Je pouvais marcher avec ceux qui faisaient le même circuit mais, si j'en avais envie, j'étais libre de cheminer seule. Dans une cordée, si on fait confiance, cela marche mieux

Tout le monde n'est pas bienveillant, car la compétition et la concurrence s'exercent aussi en montagne. De plus, le fait que je sois une femme en a énervé plus d'un, se demandant à quel titre je venais empiéter sur leur territoire.

J'aurais tendance à penser que les femmes prennent moins de risques que les hommes, peut-être leur orgueil est-il différemment placé ? Mais je connais aussi de très bons alpinistes qui ne sont pas dans la recherche du risque... comme moi. D'autres nourrissent des projets tellement ambitieux que je n'imaginerais pas une seconde d'y aller, vont risquer le tout pour le tout. On sent dans leur regard, dans leur façon de parler qu'ils sont prêts à y laisser leur peau.

Moi, je tiens à la vie et je n'ai nulle envie de la terminer en montagne, c'est trop austère. Je me rends bien compte que cette pensée est irrationnelle mais elle me tenaille. J'avoue que je préfère les alpages à la haute montagne, où le paysage est magnifique, mais c'est un monde sans vie, sans présence animale.

Je ne me reconnais pas dans la culture du risque. S'il m'est arrivé de passer sous un sérac, un gros bloc de glace, qui pouvait me tomber dessus, j'ai accéléré. C'est bien le risque maximum que j'ai pu prendre. Bien sûr, il faut compter sur son expérience pour évoluer à l'aise dans ce milieu. Quand j'ai « pris » la montagne après des années de compétition en grimpe, j'étais d'abord totalement terrorisée. C'est progressivement que j'ai commencé à bouger naturellement, à la manière d'un animal.

J'ai encore le souvenir cuisant d'une descente après être montée cueillir du génépi en altitude : il faut sortir des tripes et rester concentrée, serrer les dents. À l'époque, j'étais alors adolescente, j'ai amèrement regretté d'être là. Mais pas question de lâcher dans ces moments et d'arrêter de se battre.

Même si le terrain est dangereux, il s'agit d'assurer ses arrières pour limiter la casse en cas de pépin. Cela veut dire se diversifier, ne pas mettre ses œufs dans le même panier, toujours garder une porte de secours et jouer l'équilibre : certains *lifts* vont bien marcher mais ne seront pas forcément les plus intéressants et on va en attaquer d'autres qui nous excitent davantage. Le but, c'est d'arriver en haut. L'échec, c'est l'accident. Renoncer n'est pas un échec, c'est de la sagesse, celle qui évite d'aller trop loin et de mettre sa vie en péril. On dit qu'un bon alpiniste meurt dans son lit. Quand on a pris une décision, c'est la bonne. Bien sûr, une fois revenu dans son petit confort, on peut toujours se dire qu'on aurait pu continuer, mais je n'ai jamais eu vraiment de regret.

C'est vrai que le public s'intéresse surtout au drame. Cette fascination pour la tragédie m'énerve prodigieusement. Nous sommes vulnérables en montagne, et notre risque n'est pas assumé collectivement car, en comparaison avec la navigation, nous n'avons pas la moindre utilité en matière de transport de personnes ou de biens. Certains pourraient dire que l'alpiniste ne sert à rien, surtout quand il est en danger, accroché à un bout de rocher ! Je me suis retrouvée une fois coincée dans une fissure abominable aux États-Unis, à trois mètres du sommet, et j'entendais mon cœur battre tellement fort que j'ai pensé qu'il y avait quelqu'un dans les parages. Mais la peur, c'est surtout avant, quand on se prépare, mais pas pendant. Il faut avancer sur son chemin sans se tromper, dans l'écriture ou l'édition comme dans la montagne, sans se laisser décourager.

Catherine Destivelle

INTELLIGENCE, TROIS MOTS EN UN

Un quart de seconde. C'est le temps que met notre cerveau pour décider si le stimulus qui vient de lui parvenir est digne d'attention ou non. Cette décision est en elle-même une preuve d'intelligence. Quant au stimulus, il est peut-être une intelligence en puissance.
Un même mot pour désigner l'action et l'objet, voilà qui mérite bien que Laurent Habard, éditeur et scénariste, prenne quelques secondes supplémentaires pour découvrir ce qu'il cache.

LE PROPRE DE CHACUN

L'intelligence serait cette faculté de comprendre ce qui nous entoure, qui nous caractérise depuis que les premiers cousins de Lucie ont opté pour la bipédie plutôt que la brachiation d'arbre en arbre. Cette faculté cependant, nous avons tous eu l'occasion de le reconnaître, caractérise aussi les animaux, et pas seulement notre chat ou notre chien qui nous fixe d'une pupille pleine d'empathie. N'est-on pas, par exemple, soufflé d'observer un poulpe regardant dans le bassin voisin un congénère s'escrimer à ouvrir un bocal et parvenant à son tour – en quelques minutes là où son acolyte y a consacré un temps considérable – à faire sauter l'opercule et ingurgiter le crabe bien mérité ? N'y a-t-il pas là une preuve d'intelligence ? Le céphalopode a opéré de lui-même le tri dans toutes les tentatives avortées de son congénère pour ne garder que la bonne procédure, puis il l'a reproduite avec succès du premier coup.

Intellego, en latin, porte bien cette notion de « discerner ». Le terme se compose du préfixe *inter* (« entre », « parmi ») et du verbe *lego* (*legere* à l'infinitif) que l'on a pu traduire par « cueillir ». L'intelligence, si l'on en croit l'étymologie, c'est alors cette faculté que nous avons de faire le tri, comme notre ami octopode, entre toutes les informations disponibles pour n'en garder et n'assembler que les plus pertinentes, base de la compréhension. L'intelligence, c'est ce qui permet de donner du sens au monde.

Mais s'agit-il vraiment de cueillette ? Λέγω (λέγειν à l'infinitif), en grec, dont est directement dérivé *lego*, s'emploie pour décrire la récolte des olives ou du bois mort[1]. Plutôt que « cueillir », on a affaire ici à l'action de « ramasser » ce qui traîne, épars, tombé de l'arbre. En somme, de « rassembler ». Dans cette mise en commun de choses dispersées, il n'y a pas une action seulement physique, il y a aussi une activité cognitive. Celle-ci est renforcée par le préfixe *inter*, nous invitant à imaginer les choix qu'il a fallu faire lors de ce rassemblement d'objets réels ou virtuels.

C'est notre émotion, notre savoir, notre éducation, notre culture, notre expérience, notre environnement qui se combinent pour nous indiquer ce qu'il faut conserver et ce qu'il faut délaisser. Cette faculté est bien propre à chacun, son idiosyncrasie ne fait pas de doute et l'intelligence de l'un n'est pas celle de l'autre.

Là où le Français se contente d'un adjectif, l'Anglais, lui, use d'une panoplie de termes. Oscar Wilde se disait *clever* lorsqu'il estimait qu'il était « si intelligent qu'il lui arrivait parfois de ne pas comprendre un traître mot de ce qu'il disait » ; Albert Einstein se disait quant à lui *smart* lorsqu'il reconnaissait : « Je ne suis pas si intelligent. C'est juste que je passe plus de temps sur les problèmes » ; pour Jane Austen, enfin, sa Mary d'*Orgueil et Préjugés* ambitionnait de paraître sensible lorsqu'elle « pouvait faire une réflexion profonde mais lui préférait le silence ».

Le terme *intelligent* existe également – on le retrouve d'ailleurs chez Jane Austen – mais renvoie plus volontiers à une capacité à comprendre, voire à un certain niveau académique, tandis que *smart* sera d'un emploi plus courant et pour des aspects peut-être plus concrets ; *clever* ajoutera une connotation d'ingéniosité, voire de ruse ; et *sensible* renverra au bon sens ou au jugement pratique.

LE PROPRE DE LA RELATION

Que l'intelligence soit propre à chaque personne ne veut pas dire que deux individus ne peuvent pas s'accorder. Rassembler, ce n'est pas juste entasser ; choisir, c'est créer des proximités et donc, tout naturellement, des relations. Dès le début du XVIe siècle serait ainsi attesté le sens de

« relation plus ou moins secrète entre différentes personnes ». On conserve l'angle situationnel de l'intelligence mais on y ajoute une dimension relationnelle. Vivre « en bonne intelligence » renvoie à des notions d'entente ou même d'harmonie. Les termes du lien sont posés, le contrat est accepté de tous et la réalité des faits ne vient pas contredire les intentions initiales.

Il ne s'agit plus ici de caractériser une personne mais la façon dont la relation se passe entre deux ou plusieurs. Et si le contrat, connu des parties, reste dissimulé aux regards extérieurs, alors l'entente est secrète et laisse supposer une forme de complicité, voire de duplicité. Qui peut prendre une tournure répréhensible en cas d'intelligence avec l'ennemi, par exemple. Le Code pénal de 1810, dans son article 76, punit ainsi de mort et de confiscation de ses biens celui qui aurait « pratiqué des machinations ou entretenu des intelligences avec les puissances étrangères ou leurs agents ».

Cette deuxième acception s'éloigne ostensiblement de la première. Plus question de comprendre ici. À moins que l'on imagine cette intelligence-là comme la manifestation de ce qui a été compris, en l'occurrence ce qu'il fallait faire pour que la relation s'épanouisse dans de bonnes conditions.

ÉTRANGER PAR NATURE

Une donnée n'a pas de valeur en soi ; remise dans son contexte, valorisée, pondérée, elle devient information ; pertinente, utile, elle devient renseignement. L'intelligence, dans le domaine de la sûreté de l'État ou sur les marchés concurrentiels, c'est bien ce travail sur des données jusque-là ignorées. Un travail d'identification, de collecte, d'analyse, de hiérarchisation qui semble directement puiser aux sources étymologiques du terme. D'autant qu'il n'est pas exclusivement cérébral, au vu des manœuvres qu'il faut parfois déployer pour obtenir ces précieuses données. C'est une acception courante en anglais que l'on retrouve dans les expressions telles que Central Intelligence Agency (CIA) ou Secret Intelligence Service (ancien nom du MI6) mais aussi *artificial intelligence* (qui renvoie par nature au traitement de la donnée). Le concept français d'« intelligence stratégique » se nourrit de ce sens-là.

Laurent Habard

1. André Sauge (2015), « Introduction à une analyse sémantique de la famille λέγειν / λόγος », *Syntaktika*, 49.

Tiens, j'ai de la friture sur la ligne...
Тише, нас заметят !
KG.

4

Les nouvelles frontières du risque

UNE CONTRE-HISTOIRE DE LA PROSPECTIVE

« Rien. »
Nous sommes le 14 juillet 1789, Louis XVI s'assoit face à son journal, prend sa plume et, à la lumière de ses chandeliers, couche son avis sur la journée qui vient de s'écouler. Le roi a beaucoup été moqué pour cette absence de clairvoyance. Néanmoins, si on remonte un peu le cours de son journal, on ne compte pas moins de cinq « Rien » la semaine précédant la prise de la Bastille, parfois agrémentés d'un complément factuel (jeudi 9 juillet : « Rien. Députation des États. ») L'annotation n'est donc pas si rare ni signifiante. En remontant encore un peu plus loin, par exemple en 1786, on comprend même que le souverain n'est pas aveugle sur la situation du pays : il sait que les campagnes grondent, qu'il faut redresser les finances et pour cela taxer les nobles. Seulement, il ne sait pas comment s'y prendre. Si bien qu'en dépit d'un certain sens des réalités, il n'empêchera pas l'effondrement de son monde.

CHANGER LE PRÉSENT AU REGARD DE L'AVENIR

Puisque l'histoire n'est qu'un éternel recommencement, rien ne vaut le passé pour prédire le futur. Mais si l'on adhère à l'idée qu'un peu de différent parvient toujours à se nicher dans le retour du même, alors la connaissance d'hier ne suffira pas à anticiper demain. Quand la prévision prolonge des tendances, la prospective, elle, inclut un maximum de données et de contextes dans une réflexion aussi globalisante que possible. Quand la prévision extrapole de l'inconnu à partir du connu, la prospective, elle, s'intéresse aux discontinuités qui introduisent des ruptures et des mutations, ainsi que le formulait son « inventeur », Gaston Berger, en 1957.

Selon le vœu du philosophe, parce que son horizon est lointain, la prospective ne doit surtout pas se priver d'audace, ni d'ambition : sa vertu n'est rien moins que d'inciter à l'action. Contrairement à notre diariste Louis XVI, elle est en cela fille de la Révolution française pour qui « le futur devient la lumière qui doit guider l'action ».

Mais c'est un art complexe où les erreurs d'analyse, potentiellement nombreuses, peuvent vite revêtir des proportions insoupçonnées. Pointant comme un phare au beau milieu d'un océan de données surabondantes, partielles, imparfaites, voire trompeuses, la prospective doit donc convaincre le décideur d'agir aujourd'hui sur la foi d'une description de ce qui se passera dans cinq, dix ou vingt ans. Et il semble bien qu'elle n'y parvienne pas toujours.

UN SUCCÈS SANS RETOMBÉES

En 1968, sur l'intuition d'une crise planétaire», quelques membres de l'Organisation de coopération et de développement économique (OCDE) et d'autres grandes entreprises et institutions se réunissent sous l'appellation « Club de

Rome ». Quatre ans plus tard, des travaux pilotés par Donella et Dennis Meadows naît un rapport, « The Limits to Growth » (Les limites de la croissance), qui fera date. Rarement ouvrage d'analyse et de prospective aura connu un tel succès : vendus à 12 millions d'exemplaires et traduit dans 37 langues, aucun décideur sérieux ne pouvait l'ignorer.

Cette étude modélisait des scénarios simulant l'évolution de courbes démographiques, de production industrielle, de production de nourriture, de raréfaction des ressources, de pollution... avec des conclusions limpides : dans un monde fini, la croissance ne peut être infinie. Quelles décisions politiques majeures pour l'inflexion de notre système économique en découlèrent ? Aucune.

Aussi justes soient-elles – en cinquante ans, les calculs du rapport Meadows ont eu l'occasion de prouver leur robustesse –, les démonstrations ne suffisent pas à changer un mode de vie. La rationalité n'a pas prise sur les habitudes. Quand l'obstacle est trop haut, trop lointain, trop abstrait, trop complexe ou trop engageant, aucune action immédiate ne peut lui répondre.

L'IMPOSSIBLE CATASTROPHE

Faut-il alors se montrer plus alarmiste ? Le travail de modélisation, dans ce qu'il a de méticuleusement scientifique, manquerait-il sa cible ? Sachant le rôle des émotions dans la prise de décision, la prospective aurait tort de ne pas exploiter ce filon. Prévoir un cataclysme nucléaire (Tchernobyl en 1986), un attentat (le 11-Septembre 2001) ou une pandémie (la Covid-19 en 2020) rendrait-il l'analyse prospective plus à même d'être entendue ? Notons que pour Jean-Yves Le Drian, les deux derniers événements – attentats du 11-Septembre et pandémie mondiale de la Covid-19 – sont les deux seuls « surprises stratégiques » depuis le début de ce siècle.

Malheureusement, le problème, avec les catastrophes, c'est qu'on ne les croit vraiment possibles qu'une fois qu'elles sont advenues. Comment imaginer qu'une poignée de terroristes réussisse à s'emparer, le même jour, avec tant de facilité, de plusieurs avions de ligne et à les faire s'écraser sur les tours les plus emblématiques de la capitale du libéralisme mondial ? On aura beau croire, avec Nassim Taleb, que « notre monde est dominé par l'extrême, l'inconnu et le très improbable », nous ne parviendrons jamais à en faire le « point de départ » de notre réflexion. La catastrophe n'entre dans notre champ cognitif qu'après avoir commis ses effets.

Qu'une étude soit laissée au fond d'un tiroir, vidée de son sens ou trop effrayante pour être entendue, on comprendrait qu'aucun décideur ne s'en empare ; mais qu'elle connaisse un succès mondial et ne débouche sur aucune prise de conscience constructive, comme ce fut le cas avec le rapport Meadows, il y a là une apparente contradiction que la prospective se doit de combattre.

Pour y parvenir, elle choisit de se mettre à la portée de ses destinataires. La prospective entend construire des récits racontables de l'avenir. Ses audaces ne peuvent outrepasser le domaine de l'intelligible, comme le suggère le principe MAYA (*most advanced yet acceptable*, autrement dit « le plus en avance possible tout en restant acceptable »). Elle se doit de naviguer dans les eaux troubles de la contradiction entre un Charybde à la physionomie trop proche pour être crédible et un Scylla événement imprévisible et de fait inenvisageable.

LE TEMPS DES POLITIQUES

Voilà bien des écueils à surmonter pour inciter le décideur à agir. Pourtant, les situations exposées par les scénarios prospectifs relèvent volontiers d'enjeux hautement stratégiques. En 2006, aux États-Unis, bien après la vague de désindustrialisation qui toucha la région des Grands Lacs, une usine de plus ferme au cœur de la *Rust Belt*. Mais ce n'est pas n'importe quelle usine : Magnequench est un fleuron de la fabrication des aimants de terres rares.

Destination du transfert : la Chine. Au fil des années, Pékin s'est consolidée comme la plaque tournante de la production et de la valorisation des terres rares, ces métaux si essentiels à notre industrie high tech et à notre transition verte... ainsi qu'à toutes sortes de matériels militaires. Comment la Maison-Blanche a-t-elle pu mésestimer les conséquences d'une telle fermeture malgré les alertes de ses experts ? Les raisons sont multiples, mais l'agenda politique a certainement pesé de tout son poids : quand la lutte contre le terrorisme occupe le devant de la scène, la souveraineté industrielle passe au second plan.

UNE PRÉFÉRENCE POUR L'INACTION

L'inaction serait donc la réponse la plus fréquente aux invitations de la prospective. Et ce d'autant plus que les actions à mener semblent impliquantes, les investissements massifs et les décisions irréversibles. Cela dit, des actions plus « anodines » peuvent également se retourner contre leurs initiateurs. En 2009, alors ministre de la Santé, Roselyne Bachelot, passe commande d'une grande quantité de masques et de vaccins en prévision d'une épidémie de grippe H1N1. La catastrophe évitée, la France se retrouve avec un stock inhabituel sur les bras et la ministre est moquée par ses pairs. Il y aurait donc un risque à l'action et une prime à l'inaction. C'est d'ailleurs ce que semble confirmer une étude récente, les participants inactifs semblant plus compétents et dignes de confiance.

DES VOLCANS D'HIER...

Il peut arriver cependant que l'inaction ne soit plus une option. Il *faut* faire quelque chose. Le dimanche 18 et le lundi 19 avril 2010, à la suite de l'éruption du volcan islandais Eyjafjöll, environ 38 000 vols aériens furent annulés. Aux dires des experts, les risques étaient trop grands, les cendres en suspension au-dessus d'une partie nord de l'Europe étant susceptibles d'endommager les réacteurs.

Il se trouve toutefois que les avionneurs n'ont pas totalement été pris par surprise, des tests de résistance ayant déjà été menés. En outre, l'Europe n'était pas dépourvue en matière de surveillance volcanique puisqu'elle disposait à Londres du Volcanic Ash Advisory Center. Enfin, un organe, Eurocontrol, était censé assurer la sécurité de la navigation aérienne.

Malgré ces instances et leurs moyens très sophistiqués, la décision a été simplissime : fermer l'espace aérien. Pourquoi ? Car, le plus souvent, face à un problème dont les conséquences sont globales, le décideur cherche des réponses globales et s'inspire, par mimétisme, des choix réalisés avant lui. Qui plus est, compte tenu de la surmédiatisation de l'événement, la simplicité de la décision coupait court à de nombreux débats.

On comprend bien ici que si la prospective veut être écoutée, elle ne peut se contenter de ses analyses. Elle doit aussi penser aux mesures de suivi ou de précaution à prendre et aux organes de décision *ad hoc* car, au moment où le phénomène se produit, si rien n'est en place, l'urgence de l'action offrira rarement les meilleures réponses. Bien souvent malheureusement, les décideurs qui l'ont suscitée soit n'ont pas participé à ses réflexions, soit n'ont pas façonné les processus de décision qui s'imposaient. Si bien que la prospective se retrouve orpheline.

… À CELUI DE DEMAIN

Vers 536, le célèbre historien latin Procope raconte que « pendant toute l'année, le soleil projeta une lumière sans éclat ». De nombreux témoignages abondent dans ce sens. Et de fait, l'année accueillit sans doute les épisodes d'activités volcaniques les plus intenses que nous ayons jamais connus. La température aurait ainsi chuté de 1,5 à 2,5 °C. Or, le dernier rapport du GIEC nous affirme qu'au moins une éruption volcanique hors norme pourrait se produire au XXIe siècle. Elle abaisserait la température et réduirait les précipitations partout sur le globe durant une période d'un à trois ans.

Imaginons qu'au moment de cette catastrophe, la révolution verte ait pris son essor, que nous soyons largement alimentés par le photovoltaïque, qu'adviendrait-il de ses rendements ? Serions-nous plongés dans une sorte de black-out comme nos ancêtres latins dans la perplexité ?

Si la prospective se nourrit de scénarios, quelles actions peuvent être à la hauteur de ses hypothèses ? Comment comme le suggérait Victor Hugo « toujours prévoir l'imprévu » ? Peut-être en s'inspirant de Winston Churchill : « Plus vous saurez regarder loin dans le passé, plus vous verrez clair dans le futur. »

Philippe Caduc

Que voulez-vous savoir ?
Tout !
KG-

RÉDUIRE L'INCERTITUDE

PARTOUT DANS LE MONDE, UNE RAISON D'ÊTRE

Lorsque l'ADIT a décidé de devenir un groupe, il a fallu trouver une phrase courte et percutante qui puisse résumer l'ensemble des métiers d'intelligence et de sécurité économique. « *Reduce uncertainty worldwide* », telle est désormais la signature du groupe ADIT. En effet, en trente ans, l'incertitude n'a cessé de grandir pour toutes les entreprises et tous les secteurs économiques. Dans un monde où le climat des affaires est de plus en plus instable et où l'on passe alternativement de la guerre économique à l'économie de guerre, l'intelligence stratégique à la française prend tout son sens. Être un « réducteur d'incertitude » c'est au delà du slogan une véritable raison d'être qui répond aux attentes de tous les acteurs économiques. C'est la réflexion que développe ici Emmanuel Pitron, le directeur général de l'ADIT, l'entreprise qui est à la fois la matrice originelle et le navire amiral du groupe. À ce titre, Emmanuel Pitron dirige toutes les équipes en charge du renseignement d'affaires et de l'éthique des affaires. Serviteur de l'État passé par plusieurs ministères régaliens et cadre dirigeant au sein de grandes entreprises internationales, il met depuis 2016 son expérience au service des clients du groupe ADIT en rapprochant le monde privé et le monde public et en accompagnant les entrepreneurs dans leurs actions offensives ou défensives d'intelligence stratégique partout dans le monde.

L'INCERTITUDE EST INHÉRENTE À TOUTE ACTIVITÉ HUMAINE, QU'ELLE SOIT INDIVIDUELLE OU COLLECTIVE

L'incertitude, ce n'est pas le risque. Le risque caractérise les situations répétées à l'identique, dans une forme de logique statistique et avec des choix prédictifs. L'incertitude caractérise quant à elle des situations complexes et inédites, ce qui suppose un esprit anticipatif et créatif.

L'incertain désigne ce qui n'est pas déterminé à l'avance, ce qui peut ou ne peut pas arriver, et également ce qui n'est pas connu avec certitude, ce dont la nature floue ne permet pas de définir les contours. L'incertitude est donc pour l'homme à la fois temporelle et spatiale.

La vie est une loterie. L'incertitude engendre le doute. Et le doute nous met mal à l'aise. C'est pourquoi nous voulons réduire, ou mieux encore, éliminer l'incertitude. Nous nous inquiétons de ce qui va se passer. C'est vrai aussi bien pour les individus (quand vais-je mourir ? Vais-je réussir ma vie ? Mes proches vont-ils m'aimer ? Quelles sont les rencontres ou les évènements qui vont changer ma vie ?) que pour les organisations humaines (allons-nous être en guerre ou en paix ? Comment répartir les ressources rares de manière collective et équitable ? Comment adapter les règles de vie communes d'une société aux évolutions du progrès technique ? Comment influencer les autres sociétés ?). Et comme le dit, Jean-François Bayard dans *Lexiques de l'incertain*, « le décalage est saisissant pour y arriver entre la projection du monde rêvé – la paix perpétuelle – et la réalité du monde vécu – la guerre quotidienne ».

La complexité du monde physique et humain, matériel et immatériel voue à l'échec toute entreprise visant à maîtriser l'incertitude. Il suffit de nous retourner vers notre passé, vers l'histoire, pour mesurer à quel point l'incertitude nous gouverne. Les grandes catastrophes, du tremblement de terre de Lisbonne en 1755 jusqu'à Fukushima en 2011, ou les grands événements comme la Première Guerre mondiale, l'accession d'Hitler au pouvoir, la chute de l'URSS, les attentats du 11-Septembre, la chute de Lehman Brothers, etc., tous témoignent de l'irruption de l'imprévu dans les affaires humaines et du changement du cours des choses. Le monde avance par ruptures, discontinuités et renversements ; l'événement y occupe une place prépondérante et l'avenir est difficile à prévoir.

En économie, l'incertitude peut tout autant provenir du manque d'information quant aux décisions à venir des acteurs que de la structure même du marché que son auto-organisation rend difficile à appréhender. Le monde de l'entreprise n'échappe pas à l'incertitude. Pas de création d'entreprise sans incertitude. Jamais un entrepreneur n'est sûr de réussir a priori. Et les business plans sont rarement respectés. C'est normal. Toute grande décision repose sur deux choses : la conscience de faire un pari et le choix réfléchi d'une stratégie. Car l'entrepreneur aime l'incertitude.

Un pari, c'est-à-dire une croyance, une intime conviction qui nous fait choisir une option dont on mesure les risques et les limites. Au moment où la décision est posée, ses conséquences nous échappent inéluctablement. C'est ce qu'Edgar Morin nomme dans son *Introduction à la pensée complexe* l'« écologie de l'action ». Agir, c'est se confronter au hasard, à l'imprévu, à d'autres volontés, d'autres décisions et d'autres actions, à des dérives et des transformations. « Toute action échappe à la volonté de son auteur en entrant dans le jeu des inter-rétro-actions du milieu où elle intervient. » La volonté de maîtrise est vaine ; il s'agit d'accompagner le mouvement.

C'est la raison pour laquelle la place de la stratégie est primordiale pour un dirigeant d'entreprise. Loin de nous détourner de l'action ou de forcer la nature, l'incertitude doit nous inciter à la réflexion et à la projection à l'aide d'une stratégie. Une stratégie et non un programme qui prévoit une succession d'actions définies dans un environnement stable. La stratégie nous invite à épouser les circonstances, c'est-à-dire à élaborer un scénario d'action qui peut être ajusté en fonction de nouvelles informations ou de nouveaux contextes. Comme le précise encore Edgar Morin, « si l'ignorance de l'incertitude conduit à l'erreur, la certitude de l'incertitude conduit à la stratégie ».

AU XXIE SIÈCLE, NOUS AVONS DÉSORMAIS LA CERTITUDE DE NE PLUS AVOIR DE CERTITUDES

Les États-nations, cadres rassurants nés au XIXe siècle, continuent d'être bousculés. Les idéologies du XXe siècle ont échoué à imposer leurs certitudes et continuent ici ou là à nous rapprocher du gouffre. « Le XXIe siècle sera religieux ou ne sera pas », disait Malraux. Il est surtout plus que jamais incertain.

Guerres, tsunamis, attentats, marées noires, catastrophes nucléaires, crises économiques, crises sanitaires, dettes publiques... l'incertitude est dans tous les discours et sur tous les réseaux médiatiques. Faut-il pour autant en conclure que notre temps est plus incertain que les périodes passées ? Non. Peste, famines, révolutions et guerres plus sanglantes les unes que les autres ont frappé leurs époques. L'histoire est une succession de contingences.

En revanche, dans une société de l'information et de la communication généralisées, la vitesse de propagation des évènements et l'absence de hiérarchie dans les vérités assénées rendent beaucoup plus complexe l'élaboration d'une réflexion solide et construite. Tout est aujourd'hui affaire de perception, alors que plus que jamais les acteurs économiques, politiques et sociaux ont besoin d'objectivation.

Plus largement, et ce n'est pas le moindre des paradoxes, l'incertitude semble devenir d'autant plus prégnante que notre société du savoir progresse à la vitesse de la lumière sur le chemin de la connaissance et de l'information. On compte sur les données de masse et l'intelligence artificielle (IA) pour prédire nos comportements, mais ces derniers resteront insaisissables. Tout simplement parce que l'homme dispose toujours d'une marge de liberté, et qu'il n'est pas un automate qui réagit toujours de la même façon aux contraintes de son milieu.

L'avancée massive du digital, le développement des réseaux sociaux et l'emprise de l'IA sur tous les pans de nos vies dessinent la nouvelle révolution industrielle que nous vivons et laissent augurer de grands chambardements pour les États, les entreprises et les individus. Du travail en perspective pour les spécialistes de l'IE et la certitude que l'IA génère déjà à la fois des possibilités insoupçonnées de croisement des renseignements mais aussi des problèmes encore plus nombreux et plus complexes qui imposeront une quête croissante de vérité objective.

La globalisation n'a pas, depuis la fin de la bipolarité, sonné le glas des différends, des fractures et des conflits, tant s'en faut ; elle n'est pas la fin mais la continuation d'une histoire humaine charriant toujours et encore ses tragiques contingences. L'attaque brutale de la Russie contre l'Ukraine en 2022 a bouleversé l'ordre mondial en place depuis la fin de la guerre froide, il y a plus de trente ans. Ce passage à l'économie de guerre aura des répercussions sur plusieurs décennies et marquera un tournant dans l'ordre mondial de la géopolitique, des tendances macroéconomiques et dans l'équilibre de nos sociétés démocratiques.

Dans un monde de plus en plus volatil, incertain, complexe et ambigu, où l'on passe alternativement de la guerre économique à l'économie de guerre, la déstabilisation à l'encontre des entreprises n'a jamais été aussi multiforme : activisme financier, écoterrorisme, attaques cyber, harcèlement judiciaire, bataille informationnelle, failles de « compliance », intrusion physique, espionnage étatique, etc. Face à ce contexte, l'intelligence économique permet de collecter de manière organisée du renseignement en vue de traiter et diffuser de façon pertinente des informations et prendre ainsi les bonnes décisions stratégiques. Plus que jamais, l'intelligence économique est une arme défensive et contre-offensive pour résister à toutes les tentatives et manœuvres de déstabilisation.

Le monde qui s'ouvre pour les entreprises est donc celui de la « complexité augmentée », une sorte d'équation à plusieurs inconnues, qui ne répondront pas toutes uniquement à des formules mathématiques et algorithmiques.

RÉDUIRE L'INCERTITUDE, C'EST VOIR LE MONDE TEL QU'IL EST ET NON TEL QU'IL DEVRAIT ÊTRE

Réduire l'incertitude et affronter la complexité, c'est se départir de ses préjugés, a priori, croyances. C'est nettoyer son disque dur pour se présenter avec un regard neuf sur toute nouvelle occurrence. C'est voir la réalité telle qu'elle est et non telle que l'on voudrait qu'elle soit. C'est ce qui permettra de recueillir du renseignement fiable et objectif, et cela vaut aussi bien pour le renseignement étatique que pour le renseignement économique.

Cette pratique de l'IE nécessite une éthique irréprochable et une plasticité intellectuelle permanente, une agilité linguistique et une curiosité sans limite vis-à-vis des systèmes qui nous environnent et des questions posées. Je peux témoigner que c'est ce goût du défi intellectuel qui anime quotidiennement la communauté des consultants de l'ADIT.

La complexité est un maelström avec plusieurs courants d'information dont il faut chercher les dénominateurs communs, les recoupements et les incohérences. Il faut transformer l'information brute en « *insight* », en valorisant la pensée déductive et en favorisant la créativité. Avec la minutie d'un enquêteur ne négligeant aucun détail, même le plus infime, et avec la fulgurance d'un mentaliste qui perçoit le sous-jacent apparemment irrationnel, même le plus intime, le professionnel de l'IE évite le prêt-à-penser, échappe aux simplifications, décrypte l'incompréhensible et fait devenir significatif ce qui était insignifiant.

Souvent, les entreprises découpent un problème en sous-problèmes. Elles se convainquent que rien ne résiste à une analyse rationnelle, qu'elle soit financière, technique ou commerciale. Dans un monde de plus en plus complexe, cette approche ne fonctionne plus car les problèmes s'entremêlent et c'est là qu'une approche de renseignement et d'intelligence prend tout son sens.

Il n'est pas toujours nécessaire de prédire l'avenir pour réduire l'incertitude. Il faut déjà aider à penser à ce qui pourrait arriver. Il faut être vigilant et imaginer toutes les options possibles, qui pourraient se produire et écarter celles qui sont les plus improbables en fonction des preuves recueillies sur le terrain au plus près de la cible étudiée. Il faut recueillir des informations fiables, recoupées et objectivées sur l'environnement afin d'alimenter le processus de décision stratégique des dirigeants qui nous font confiance.

En restant fidèle à cette doctrine d'emploi, l'IE a un impact direct sur la performance de l'entreprise en permettant son adaptation et sa compétitivité. L'IE est un outil de connexion entre le savoir et l'action de l'entreprise pour l'aider à gérer ses menaces et ses opportunités.

L'INTELLIGENCE STRATÉGIQUE, UN ÉTAT D'ESPRIT ET UN MODE D'ACTION FACE À L'INCERTITUDE

On parle d'intelligence économique sans forcément savoir ce qui se cache derrière ce concept obscur. L'IE continue de s'entendre au sens anglo-saxon d'intelligence, « renseignement / espionnage », en faisant référence à l'Intelligence Service britannique. Aux États-Unis, l'IE est plus axée vers les entreprises avec la « *compétitive / business intelligence* », en mettant l'accent sur la concurrence et la compétitivité des entreprises. Cette vision américaine domine notre secteur d'activité à l'international depuis les années 1990.

Personnellement, je préfère utiliser l'expression « intelligence stratégique », et lui donner toutes ses lettres de noblesse en français. D'une part, parce que l'intelligence c'est la compréhension de la complexité, l'adaptation permanente aux situations nouvelles, la résilience face à l'imprévu et l'anticipation de l'incertitude comme ressort de l'âme humaine. D'autre part, parce que le renseignement d'affaires, qui doit avoir un spectre beaucoup plus large que le simple renseignement économique, est l'arme maîtresse de la stratégie d'entreprise.

Ce n'est qu'en intégrant cette double approche stratégique – défensive et offensive – que les entreprises peuvent véritablement être armées face aux déstabilisations de tous ordres. Il revient dès lors à l'intelligence stratégique de proposer une offre toujours plus intégrée pour permettre un accompagnement de bout en bout, du diagnostic à la riposte.

C'est pourquoi, à l'ADIT, nous aidons aussi à gérer l'incertitude partout dans le monde, même dans les pays en crise ou en guerre, avec des solutions qui réduisent les risques opérationnels, juridiques ou techniques : via des prestations de sécurité physique, des outils de « compliance », des missions de diplomatie, des actions d'influence, des techniques cyber, des missions de formations, etc., bref, avec toute une série d'expertises au plus près des décideurs concernés qui vont permettre de maîtriser les risques et de mettre en œuvre une stratégie offensive ou contre-offensive.

Disserter n'a pas de sens si la réflexion ne débouche pas sur des conclusions opératoires, sur une praxis opérationnelle. Se proposer d'émettre des recommandations stratégiques peut sembler présomptueux, mais se révèle définitivement probant si elles s'accompagnent de « forces spéciales » et de « services action » pour affronter les temps mauvais de l'incertitude managériale. C'est ce que nous proposons à nos clients depuis trente ans maintenant et que nous ne cessons de renforcer avec l'élargissement des capacités d'action du groupe ADIT et de toutes ses fililales.

Être un praticien de l'intelligence stratégique, cela suppose de combiner en permanence l'action et la réflexion, la supervision et la planification, le temps long et le temps court, de penser l'impensable, de nous dépasser sans cesse, et de rechercher inlassablement des réseaux fiables et de confiance : telle est notre raison d'être. Dans un monde où le climat des affaires est de plus en plus instable, l'intelligence stratégique à la française prend tout son sens, car selon Sénèque, « la vie ce n'est pas d'attendre que l'orage passe, c'est d'apprendre à danser sous la pluie ». Dans ce contexte, une seule certitude à laquelle nous voulons croire avec audace et humilité : l'ADIT veut continuer de danser sous la pluie aux côtés de ses clients en 2093 pour les éclairer et les accompagner vers le XXIIe siècle.

Emmanuel Pitron

Avez-vous prévu un poste IS dans votre budget annuel ?
Impôt sur les sociétés ?
Bien sûr, voyons !
KG

L'HOMME
AU CŒUR DE L'INTELLIGENCE DE
L'INFORMATION

Comment croire que la collecte et l'analyse d'informations pourraient se passer de l'apport et du regard de l'homme ? L'expérience acquise au sein de l'ADIT dans le domaine de l'intelligence artificielle montre que la technologie, aussi avancée soit-elle, ne remplace pas l'essence et le fondement même de ce métier : l'humain. Les puissants moteurs de recherche ne disposent pas de la capacité humaine à décrypter les données, à créer des liens de confiance avec des informateurs ou des sources, à comprendre des motivations cachées, ou à naviguer dans des contextes socioculturels complexes. L'humain reste le cœur battant de l'intelligence et du renseignement avec pour vocation la défense et la promotion d'intérêts économiques et stratégiques, selon Jérôme Goujeon. Depuis trente ans à l'ADIT, il a activement contribué au développement de la branche intelligence d'affaires et est considéré comme l'un des grands professionnels français du secteur ; il rappelle que le groupe a exercé son métier avant même internet, ce 8e continent. Replacer l'homme au cœur de l'intelligence stratégique est impérieux car l'avenir de l'intelligence stratégique réside dans la symbiose de la technologie et l'humain.

Un prince avisé et un brillant capitaine sortent toujours victorieux de leurs campagnes et se couvrent d'une gloire qui éclipse leurs rivaux grâce à leur capacité de prévision. Or la prévision ne vient ni des esprits ni des dieux; elle n'est pas tirée de l'analogie avec le passé pas plus qu'elle n'est le fruit des conjectures. Elle provient uniquement des renseignements obtenus auprès de ceux qui connaissent la situation de l'adversaire.

Sun Tzu, *L'Art de la guerre*

Nous évoluons dans un monde globalisé dont l'analyse et la compréhension sont trop souvent parasitées par le refus de penser le temps long et la complexité, comme l'illustre l'immédiateté des réseaux sociaux. Pourtant, ces derniers constituent aussi une source d'information et de savoir précieuse tout comme l'intelligence artificielle (IA), qui par exemple permet d'accéder de façon optimisée au deep web et au dark web.

Au moment où ces avancées technologiques foisonnent et sont omniprésentes dans notre quotidien, le mirage se fait de plus en plus insistant et il est vain de croire que la collecte et l'analyse d'informations pourraient se passer de l'apport et du regard de l'homme. Dans le domaine de l'intelligence stratégique pourtant, l'expérience acquise au sein de l'ADIT montre que la technologie, aussi avancée soit-elle, ne remplace pas l'essence et le fondement même de ce métier : l'humain.

De nos jours, même avec de puissants moteurs de recherche capables d'accéder et d'agréger une masse impressionnante d'informations de toute nature et des logiciels sophistiqués en mesure d'analyser une partie de ces données, il n'est pas possible de remplacer la capacité humaine à décrypter ces données, à créer des liens de confiance avec des informateurs ou des sources, à comprendre des motivations cachées, ou à naviguer dans des contextes socioculturels complexes. L'intelligence n'est jamais uniquement une question de faits ou de data, mais aussi d'interprétation, de sagacité, de mise en perspective, voire d'instinct.

LA PRIMAUTÉ DES QUALITÉS HUMAINES AU SERVICE DE L'INTELLIGENCE STRATÉGIQUE

Le renseignement basé sur l'humain est peut-être l'un des métiers les plus vieux du monde. Dans les temps anciens, les dirigeants s'appuyaient déjà sur des espions et des informateurs pour anticiper, prendre des décisions éclairées et définir leurs stratégies. Le développement de l'intelligence stratégique moderne n'est que le prolongement de ce besoin.

Trente ans de pratique de l'intelligence économique m'ont appris une chose : l'humain reste le cœur battant de l'intelligence et du renseignement, reliant intuitions, savoirs et relations avec pour vocation la défense et la promotion d'intérêts économiques et stratégiques.

L'ADIT a commencé à exercer ce métier alors qu'internet n'existait pas : pas de moteur de recherche, pas de bases de données en ligne, pas de réseaux sociaux, et encore moins d'intelligence artificielle. Qu'est-ce que cela signifiait ? Premièrement, que nous devions réfléchir notamment à un plan de renseignement efficace et donc aux moyens à mettre en œuvre pour conduire des investigations susceptibles d'apporter des éléments à forte valeur ajoutée. Deuxièmement, que nous devions mener des investigations de terrain, soit nous-mêmes, soit via des correspondants. Ces « vieilles recettes » doivent continuer de primer.

À mesure que les outils technologiques se multiplient et se perfectionnent, le fossé entre l'analyse purement technique et l'analyse fondée sur des qualités humaines s'est creusé. Les décideurs ont pourtant toujours de plus en plus besoin d'analystes et de conseillers capables de jongler avec des incertitudes, de faire preuve de jugements sûrs et objectifs, et parfois d'être en mesure d'intégrer des enjeux à forte connotation psychologique.

Dans le domaine économique, combien d'opérations de fusion-acquisition, de réponses à des appels d'offres internationaux ou de prospection dans des pays à risques ont échoué pour n'avoir pas su collecter les informations suffisantes ? Cette faible compréhension des cibles, des contrats et des pays est très souvent la résultante d'un manque d'implication de sources humaines capables de renseigner les décideurs économiques et financiers sur leur environnement. Dans ce cadre, il devient donc difficile d'apporter une haute valeur ajoutée aux décideurs pour répondre efficacement à des enjeux économiques et financiers complexes, parfois mêlés à de forts enjeux en matière de souveraineté.

Afin de faire face à la tentation du tout technologique en matière d'intelligence stratégique, nous devons désormais insister encore plus qu'hier sur l'impérieuse nécessité de redonner sa place à l'homme et de considérer que l'avenir de l'intelligence stratégique réside dans la symbiose de la technologie et l'humain.

L'ÉCOUTE ET L'EMPATHIE : LES FONDEMENTS D'UNE INTELLIGENCE STRATÉGIQUE ÉCLAIRÉE

Une observation attentive pendant trente ans m'a aussi enseigné que, dans les métiers de l'intelligence économique, les qualités humaines doivent primer sur les compétences techniques. À l'instar de ce qui constitue le socle de l'efficacité des meilleures unités d'intervention, la résilience, l'esprit d'équipe, la loyauté et la capacité à s'adapter sont essentiels pour relever les défis les plus complexes de l'intelligence stratégique.

Mais au-delà ou plutôt en amont de la définition et de la mise en œuvre d'une stratégie des moyens, les décideurs ont avant toute chose besoin de se tourner vers des personnes en qui ils ont confiance. Devant révéler une partie de leur intimité stratégique, ils doivent en effet pouvoir compter sur des partenaires dotés d'un sens du devoir, soucieux de la préservation de la confidentialité et surtout animés par une loyauté sans faille.

Par ailleurs, l'intelligence stratégique ne doit pas constituer un exercice de confirmation de ce que l'on souhaite entendre. Bien au contraire, elle requiert une grande capacité d'écoute et d'empathie pour décoder ce qui n'est pas toujours visible et ainsi bien cerner les objectifs à atteindre.

De la même manière qu'il n'y a pas de bon vent pour celui qui ne sait pas où aller, il n'y a de bonne recherche et de bonne analyse de renseignements sans connaître les intentions et les objectifs des décideurs. Il s'avère donc crucial de maîtriser de manière extrêmement précise le but des missions assignées.

L'écoute active ne consiste pas seulement à collecter des faits mais vise aussi à comprendre les émotions, les peurs et les ambitions des différents acteurs et décideurs. L'empathie, quant à elle, permet de se mettre à la place de l'autre, de saisir les motivations qui ne sont pas explicitées, et dès lors de mieux anticiper la réponse à apporter aux entreprises.

Dans un monde marqué par l'incertitude et à la configuration mouvante, la capacité d'un analyste à écouter et à comprendre sans jugement constitue un atout stratégique majeur. Cette posture intellectuelle est ce qui distingue une analyse éclairée d'une simple compilation et analyse de données, aussi pertinente soit-elle...

REPLACER L'HOMME AU CŒUR DE L'INTELLIGENCE STRATÉGIQUE

La réussite d'une mission d'intelligence stratégique repose sur des équipes composées de femmes et d'hommes impliqués, voire passionnés, ouverts sur le monde et dotés de facultés d'adaptation à la complexité et au changement. Certaines opérations ont en effet de fortes implications économiques, financières et réputationnelles. Dans ce cadre, le devoir d'excellence et de vigilance doit animer la femme ou l'homme de renseignement.

C'est cette combinaison de compétences humaines, de rigueur éthique, de loyauté qui permettra aussi à l'intelligence stratégique de se crédibiliser, de prospérer et d'offrir un service unique, enrichi par l'expérience et le professionnalisme.

Depuis l'émergence d'internet, qui constitue dorénavant le 8e continent, le paysage de l'intelligence économique a fortement évolué. Plus que jamais, dans ce contexte, il est devenu impérieux de replacer l'homme au cœur de l'intelligence stratégique.

Il revient donc à la nouvelle génération de reprendre le flambeau pour ne pas perdre l'âme et les valeurs cardinales qui ont toujours guidé les actions de l'ADIT depuis sa naissance.

Jérôme Gougeon

SE MOUVOIR
DANS UN MONDE
MOINS INCERTAIN

Les exigences d'anticipation, de technicité, de pluridisciplinarité des entreprises épaulées par l'ADIT dans la compétition économique ont amené à changer le périmètre des interventions, explique Alexandre Medvedowsky, président du Pôle influence du groupe, dont il est l'un des principaux dirigeants. Ancien magistrat au Conseil d'État, il était président d'ESL Network avant de rejoindre le groupe ADIT en 2020. L'entreprise a mené une impressionnante politique de croissance externe : en industrialisant les processus de collecte et d'analyse d'information qui sont déclinés mondialement et au niveau qualitatif rendu nécessaire par les règles d'extraterritorialité. Ils répondent à l'exigence toujours plus grande de « compliance » et d'éthique dans les affaires. Grâce à l'élargissement de la chaîne des métiers, les clients de l'ADIT se sentent aptes à se mouvoir dans un environnement moins incertain. Toute entreprise ou collectivité sait qu'elle peut trouver réponse à ses préoccupations et les outils nécessaires à sa prise de décision.

Il y a un peu plus de vingt-trois ans, quittant le Conseil d'État pour donner une nouvelle orientation à ma vie professionnelle, je croisais un peu par hasard le chemin de Patrice Allain-Dupré qui, quelques années plus tôt, en 1990, avait créé, sous l'impulsion d'Henri Martre, ancien délégué général de l'Armement et président de l'Aérospatiale, et de quelques grands patrons français, ESL Network. C'était alors la première société privée de prestations de services consacrée aux métiers de l'intelligence économique. Elle fut rejointe deux ans plus tard par l'ADIT, agence publique créée par l'État sous forme d'un établissement public industriel et commercial. En 1994, Henri Martre publiait, pour le Commissariat général au Plan un remarquable rapport intitulé « Intelligence économique et stratégie des entreprises », qui jetait les bases de l'intelligence économique « à la française ». Je conseille à chacun sa lecture car il n'a guère pris de rides sur ses principes, même si la technologie a changé profondément la façon d'exercer nos métiers.

Jeune conseiller d'État, quittant la fonction publique pour découvrir la vie des entreprises, je ne savais pas à l'époque ce qu'était l'intelligence économique. J'étais un peu sceptique sur le discours engageant du fondateur d'ESL et je me demandais surtout ce qu'un haut fonctionnaire de l'État, baigné il est vrai dans le monde politique et les rapports de force, pourrait apporter à des dirigeants d'entreprises expérimentés et talentueux.

Je me suis rendu compte très vite de l'importance qu'occupait l'information stratégique dans la décision d'entreprendre. Les chefs d'entreprise, leurs collaborateurs, les décideurs publics ont accès dans le monde d'aujourd'hui à une multitude d'informations arrivant de toute part : collaborateurs, presse, médias, réseaux sociaux, prestataires de toutes sortes à commencer par leurs banquiers ou leurs cabinets d'avocats. Plus l'économie est mondiale, plus la vitesse de circulation de l'information est grande et elle l'est de plus en plus, plus l'information disponible et arrivant sur le bureau du décideur public et privé est foisonnante, débordante, écrasante. Et lorsque vient le moment de la décision, les questions sont légitimes : la situation est-elle sous contrôle ? Ai-je bien maîtrisé tous les paramètres en jeu ? Quels sont les risques auxquels je fais face ? Quelles seront les conséquences de ma décision ? Les réponses à ces questions sont d'autant plus difficiles qu'elles portent sur des domaines variés, dont certains s'éloignent des compétences du décideur. Elles sont bien sûr économiques et techniques mais aussi sociales, politiques, géopolitiques, médiatiques... Difficile de trouver toutes ces compétences dans un même cerveau... et pourtant, il faut bien décider.

Face à ces défis et ces complexités, j'ai rencontré tout au long de ces vingt-deux années d'exercice professionnel deux attitudes radicalement différentes chez les décideurs économiques. Une première partie d'entre eux expriment une vraie curiosité sur ce qui les entoure, une appétence pour l'information elle-même et une volonté permanente de challenger leurs propres sources d'information. Ces dirigeants sont animés par le doute en permanence et cherchent à réduire leurs zones d'incertitude et leur exposition aux risques. Contre-intuitivement, ce sont souvent ceux qui disposent des meilleurs réseaux et dont on pourrait penser qu'ils pourraient se débrouiller seuls. J'ai ainsi découvert, partagé et vécu de grandes expériences avec de grands dirigeants d'entreprises et admiré leur intérêt pour le débat, la compréhension du monde sous toutes ses facettes. Henri Martre, Michel Pébereau, qui ont l'un et l'autre tant accompagné ESL depuis son origine, Stéphane Richard, Jean Peyrelevade, Henri Proglio, Philippe Varin, Philippe Wahl, Dominique Senequier, voilà quelques exemples que j'ai plaisir à citer, chacun avec des personnalités différentes, qui pensent et ont pensé que l'intelligence économique est un outil essentiel à la décision d'entreprendre. Ils ne sont pas les seuls, fort heureusement, et beaucoup de chefs d'entreprises de toutes tailles et de tous pays partagent cette conviction profonde.

De l'autre côté, l'honnêteté et la lucidité m'amènent à dire qu'une autre catégorie de dirigeants est bien éloignée du doute et de la culture de l'information. Sûrs d'eux-mêmes, rejetant même parfois les informations que nous pouvons leur faire remonter parce qu'elles ne correspondent pas à ce qu'ils souhaitent ou à ce qu'ils pensent, se reposant sur la seule force de leur raisonnement, ils décident sans trop se soucier de leur environnement. Si cela fonctionne, ils pourront dire avec suffisance : « Vous voyez, j'avais raison », s'ils échouent, ils diront qu'ils sont incompris ou rejetteront la faute sur leurs collaborateurs. Nous connaissons tous des profils de ce type. Je ne citerai aucun nom... certains les reconnaîtront sans doute. Ils justifient parfois leurs décisions en faisant savoir qu'ils payent des salariés pour leur fournir les bonnes informations et n'ont pas besoin de prestataires en matière d'intelligence économique. D'autres ont une forme de refus d'écoute, qu'ils peuvent pratiquer dans leur entreprise et exporter dans les affaires politiques lorsque, par erreur, ils sont appelés dans des postes prestigieux de l'exécutif. Ce sont en tout cas les pires ennemis de nos métiers.

Ces métiers, nos métiers, ont beaucoup évolué avec l'évolution du monde et de la géostratégie internationale, mais aussi du fait de l'évolution des technologies de l'information et de la communication. Pour les entreprises que nous épaulons dans la compétition économique, les exigences d'anticipation, de technicité, de pluridisciplinarité ont amené à changer le périmètre de nos interventions. Nos entreprises ont dû se transformer en conséquence.

L'ADIT, que j'ai rejoint il y a trois ans, a, la première, pris ce virage de façon spectaculaire au cours de ces dix dernières années. Sous l'impulsion de son équipe dirigeante et de son président, Philippe Caduc, elle a compris que l'effet de taille était important et entamé une impressionnante politique de croissance externe pour industrialiser les processus de collecte d'information, les décliner mondialement et les hisser au niveau qualitatif rendu nécessaire par les règles d'extraterritorialité et les exigences toujours plus grandes de « compliance » et d'éthique dans les affaires. Le marché de l'intelligence se consolide en France et en Europe. L'ADIT en est devenue leader incontesté sur le marché français, un des acteurs principaux dans le monde. C'est heureux pour les entreprises françaises et européennes, qui peuvent ainsi compter sur nous partout sur la planète.

Ce qui me frappe, c'est qu'à cet effet de taille s'est ajoutée une autre nécessité, à laquelle notre groupe s'est là encore adapté, celle de l'élargissement de la chaîne des métiers nécessaires pour que nos clients se sentent aptes à se mouvoir dans un environnement moins incertain et avec des armes affûtées. Collecte d'informations et compréhension de leur environnement stratégique, sécurité des entreprises et de leurs équipes, élaboration et mise en œuvre des stratégies d'influence et de diplomatie d'affaires, cyberdéfense, communication et influence digitale, accompagnement à une offre à l'exportation des PME et ETI, ces briques ont été ajoutées une à une pour proposer une offre de services complète. Lorsqu'une entreprise ou une collectivité s'adresse à notre groupe, elle sait qu'elle peut trouver réponse à ses préoccupations et les outils nécessaires à la mise en œuvre de ses décisions. Cette offre est sans équivalent en France et explique la croissance spectaculaire de notre groupe ces dernières années.

Je le disais plus haut, l'évolution technologique a aussi changé nos métiers. Lorsque j'ai commencé à travailler à ESL en 2001, Google venait juste de naître, Facebook n'existait pas. Ce n'est qu'en 2007 que Steve Jobs présente le premier modèle d'iPhone capable d'émettre des appels, d'envoyer des SMS, des e-mails, de consulter des photos ou de naviguer sur des sites web. On oublie ces dates et la vitesse à laquelle les innovations technologiques, les moteurs de recherche, le traitement des données, l'intelligence artificielle sont apparus et évoluent, bouleversant le monde et bien sûr les métiers de l'intelligence économique. Ces innovations nous obligent à nous adapter. Mais chaque jour montre qu'elles renforcent l'impérieuse nécessité de nos métiers. Les informations sont toujours plus complexes à trouver, à décortiquer ou expliquer. Les *fake news*, les manipulations, les campagnes de déstabilisation sont toujours plus nombreuses et leurs effets amplifiés peuvent être dévastateurs. Il faut tout à la fois maîtriser la technologie et disposer de sources humaines et locales fiables. Plus que jamais, le recours à nos entreprises est nécessaire. La guerre de l'information fait rage entre les entreprises et entre les États. La maîtrise de l'information stratégique est devenue un enjeu majeur – comme il est dit dans *Stratégies d'entreprises dans un monde fragmenté. Surmonter les risques liés à la pandémie et la guerre en Ukraine*[1].

Lorsque je me retourne pour regarder ces trente années qui viennent de s'écouler, je ne peux manquer de terminer ce propos en m'interrogeant sur la place qu'occupe aujourd'hui notre pays, et plus largement l'Union européenne, dans la géostratégie mondiale. Il ne s'agit pas de sombrer dans le syndrome du déclin qui traverse nos opinions, les médias et nos classes politiques. Oui, c'est vrai que nous sommes de observateurs, questionnés et souvent pris en otage dans le choc frontal entre les États-Unis et la

Chine ; oui, c'est vrai aussi que la zone Pacifique connaît une dynamique économique et démographique qui déplace le centre de gravité du monde ; oui, nous sommes questionnés sur nos valeurs, sur nos rapports à notre histoire et à nos anciens empires. Nos sociétés occidentales sont partagées entre leur désir d'universalisme et de progrès et la tentation nationaliste et de repli sur soi.

Nous devons pourtant être sûrs de nous, de nos valeurs, de nos capacités créatrices. Nous devons être sûrs de nos capacités à attirer et à fédérer. Les peuples de l'ancienne Europe de l'Est ne s'y trompent pas en affichant un ancrage fort à l'Union européenne et à l'OTAN. Les Ukrainiens ont vite fait le choix entre les standards de vie de l'Union européenne et les promesses de la Russie. Les vagues migratoires en provenance des pays du Sud et de l'Asie centrale ne se dirigent pas vers la Chine, la Russie ou le sous-continent indien, elles cherchent à gagner les pays de l'Union européenne ou le Royaume-Uni. Nous ne devons donc pas nous désarmer, mais au contraire rassembler toutes nos forces pour combattre. Dans ces formes de luttes idéologiques, économiques ou technologiques, tout compte pour défendre nos souverainetés et contribuer à notre rayonnement. Derrière les mots soft power, ce sont autant de politiques qui peuvent relayer, amplifier, se substituer même parfois aux moyens régaliens des États, à la puissance monétaire, militaire ou diplomatique.

La colonne vertébrale du groupe de l'ADIT est bien désormais celle-ci. À force de croissance organique et de croissance externe, nous sommes aujourd'hui rassemblés pour offrir aux entreprises françaises ou européennes les outils de soft power leur permettant d'affronter avec efficacité la compétition économique mondiale. Nous voulons leur donner les meilleures armes pour gagner la guerre économique qu'elles affrontent. Acquérir et maîtriser les informations fiables dont elles ont besoin, analyser les risques des pays et marchés où elles se développent, anticiper et respecter les normes et règles de « compliance » imposées souvent par nos adversaires, se prémunir et se défendre des attaques physiques ou des cyberattaques qui sont devenues quotidiennes, disposer des outils pour mener des batailles d'influence, de lobbying, d'image ou engager des actions de diplomatie d'affaires, pouvoir former les cadres ou techniciens qui utiliseront demain les produits industriels que nous vendons à l'exportation... tels sont les métiers que notre groupe développe aujourd'hui pour accompagner partout dans le monde nos entreprises et nos organisations.

En rejoignant l'ADIT il y a trois ans, je suis heureux et fier que, ESL Network ait pu apporter sa pierre à cet édifice. Les fondateurs d'ESL et tous ceux qui m'ont accompagné tout au long de ces années peuvent être fiers du chemin accompli. Une autre page est en train de s'écrire. D'autres, plus jeunes, vont l'écrire avec nous, puis sans nous. Rendez-vous dans quelques années pour les 50 ans de l'ADIT...

Alexandre Medvedowsky

1. Xavier Desmaison et Alexandre Medvedowsky (2022), éditions Hermann.

5

Le réel et l'imaginaire

LE BUREAU DES LÉGENDES, UNE SÉRIE INSPIRANTE POUR L'INTELLIGENCE STRATÉGIQUE ?

Comment se renseigne-t-on sur le renseignement ? Comment le traduire et le mettre en scène ? Comment tenir en haleine des millions de spectateurs en suivant des personnages obligés de vivre dans le mensonge, avec une vie inventée pour certains ? En cinq saisons, diffusées entre 2015 et 2020 sur Canal +, *Le Bureau des légendes* a réussi à peindre les soubresauts du monde et les coulisses du renseignement, suscitant même des vocations. Créée par le cinéaste Éric Rochant, la série suit des agents français sous couverture, en mission à l'étranger à la recherche d'informations et de nouvelles sources. À Paris, dans les bureaux de la Direction générale de la sécurité extérieure (DGSE), d'autres agents soutiennent et tirent d'affaire, quand ils le peuvent, ceux qui sont en danger sur le terrain.

Camille de Castelnau, qui a coécrit la série avec Éric Rochant, revient sur la fabrication d'une fiction qui paraît plus vraie que nature.

« Même si on ne me croit pas toujours, c'est bien Google qui a été ma source d'information principale sur les agents du renseignement dont la mission est en partie de rechercher, d'analyser l'information. C'est sur internet que j'ai recueilli le plus d'éléments mais aussi dans les pages internationales du *Figaro* pour les éléments géopolitiques, ces lames de fond qui bouleversent le monde. Quant aux données relevant du renseignement, c'est Éric Rochant, créateur du *Bureau des légendes* qui a emmagasiné une immense culture en la matière. L'idée n'est pas d'amasser les savoirs mais de rendre les choses visibles et compréhensibles. C'est comme si on éclaircissait un monde a priori obscur.

Le Bureau des légendes est une sorte de mise en abyme, car tout scénario, même celui d'une comédie romantique, repose en priorité sur la gestion de l'information. C'est l'enjeu fondamental pour un scénariste. C'est évident pour une intrigue policière, avec le fameux « whodonit » (*who has done it* ou « qui l'a fait ? »), mais c'est vrai pour toutes les fictions, qu'elles parlent d'amour, de guerre ou d'espionnage : à quel moment délivrer quelles informations aux spectateurs ? Quel secret sera divulgué au seul public ? Surtout dans une série dans laquelle les personnages sont voués à dissimuler ou alors se laissent à trop parler. Pourquoi ne tiennent-ils pas leur langue, pourquoi donnent-ils des informations ? En fait, ils le font rarement sous la contrainte, mais parce qu'ils sont séduits – pas nécessairement sur le plan sexuel – ou pour une question d'ego, car détenir de l'information est une marque de reconnaissance de pouvoir. C'est aussi le cas en matière d'intelligence économique, même si ce sujet apparaît surtout lors de la saison 2, où nous évoquons les batailles féroces entre alliés au moment de l'ouverture du marché iranien. En matière de renseignement économique, les cartes sont rebattues, les États-Unis et la France peuvent coopérer sur l'antiterrorisme sans avoir envie de partager des informations dans le domaine industriel.

Au début, la série se focalisait sur les légendes des clandestins, leurs fausses bios avec leur vie et leur nom d'emprunt, leurs mensonges, les informations tronquées mais aussi la petite part de vérité, car il ne faut jamais mentir totalement pour être un bon espion.

Il existe de nombreux fantasmes autour du renseignement, des secrets et des mensonges. Les choses doivent être vraisemblables partout, sur le terrain, au bureau, dans l'intimité, sans tordre les personnages. Dès la diffusion de la première saison de la série, en 2015, nous avons été assaillis de questions sur notre lien avec la DGSE. Les journalistes étaient persuadés que les services avaient tenu le crayon. C'est bien mal les connaître que de penser qu'ils vont partager des informations. En revanche, il est vrai que nous avons bénéficié de leur bienveillance. En cas d'opposition de leur part, *Le Bureau des légendes* aurait été une mission quasi impossible. La DGSE a laissé faire car l'image projetée leur convenait, alors que la série ne dessine pas un tableau angélique des services. Ils ont considéré que le positif l'emportait largement.

Nous les avons sollicités pour qu'ils nous signalent d'éventuelles aberrations ou de grosses bourdes dans le scénario. Par exemple, dans la première saison, une mère part à la recherche de son fils, un agent disparu en Algérie, et il était suggéré qu'elle soit neutralisée, renversée par un scooter. La DGSE trouvait inconcevable, et absurde, qu'on laisse entendre que les services puissent blesser, ou pire encore, la mère d'un agent. Nous avions également trouvé sur Google le nom de code réel d'une installation nucléaire, que l'on nous a demandé de changer.

Nous les consultions aussi avant d'écrire les arches narratives. Par exemple, nous voulions savoir si un personnage féminin (celui de Nadia El Mansour) avait une chance d'être ministre dans une Syrie sans la dynastie Assad. Ils ont surtout tiqué sur cette perspective politique : « Post-Bachar ? Comme vous y allez ! » Nous avons compris qu'ils ne croyaient pas à un changement de régime. Lorsque nous posions une question, c'est que nous hésitions déjà. Pour les nouvelles technologies, nous avons aussi consulté David Martinon, qui a été représentant spécial de la France pour les négociations internationales sur la société de l'information et l'économie numérique à partir de 2013, puis ambassadeur pour le numérique en 2017. La dernière saison est très tournée vers le cyber. Éric Rochant est passionné par ce sujet et gère une véritable banque de données dans sa tête.

La série décrit aussi les méthodes des services dans des pays comme la Syrie et l'Iran. On imagine que le renseignement est retors partout. En fait, il fonctionne mieux dans les pays démocratiques, car l'idéologie ne prend pas trop de place. Pour être performant, il vaut mieux éviter de porter des lunettes déformantes.

Les agents que nous avons rencontrés pourraient mieux gagner leur vie ailleurs, car une sacrée dose d'intelligence est indispensable pour bien exercer ce métier. Ils y trouvent leur compte car il s'agit d'un engagement patriotique. Pour autant, il doit exister une certaine jouissance à rester dans l'ombre, à détenir des secrets, même si c'est compliqué de faire des choses que les autres ne doivent pas savoir, de détenir des informations sur la marche du monde sans pouvoir les partager. Aussi, notre série suit des personnages qui composent en permanence avec la vérité, qui vivent dans le mensonge ou, au mieux, dans la dissimulation.

C'est vrai aussi que nous avons pu nous inspirer de fonctionnaires de la DGSE pour certains détails. Nous avions été impressionnés par les cravates incroyables d'un agent et nous en avons affublé Duflot, le chef des clandestins, interprété par Jean-Pierre Darroussin. Nous avons également repris leur expression « le droit d'en connaître » sur le niveau d'information auquel un agent peut prétendre. En revanche, c'est nous qui avons imaginé les surnoms tirés des bordées d'injures du capitaine Haddock, dont « Malotru » qui désigne le clandestin incarné par Mathieu Kassovitz, « Moule à gaufres » ou « MAG », le directeur du renseignement joué par Gilles Cohen. De même, le nom du « Bureau des légendes » est une création, comme l'appellation des « Veilleurs », ceux qui sont en relation avec les clandestins, ainsi que de nombreux autres éléments, comme l'organisation du bureau. Nous l'avons pensée sur une base qui nous semblait logique ! C'est une fiction qui paraît réaliste, même aux yeux des services représentés.

La série est évidemment plus romanesque que la réalité, sans verser non plus dans la complaisance : Malotru, l'agent réputé comme le meilleur d'entre tous, celui qui a toujours au moins quatre coups d'avance, en vient à trahir son service. Marina, la jeune clandestine, est d'un tout autre genre, c'est un soldat sans armes. Sa force, c'est sa fragilité apparente, qui est une réalité et non une feinte : on ne la voit vraiment pas venir. Et puis les spectateurs se sont attachés aux personnages de Duflot, le chef aux cravates invraisemblables qui suscite une véritable sympathie, et de Marie-Jeanne et Sisteron, les fidèles veilleurs, anges gardiens des clandestins dans les premières saisons.

Pour chaque situation, on se demandait : « Comment ferais-tu, toi, dans la vie ? Imagine que tu es une frêle jeune femme et tu dois aborder un inconnu dans un café, comment est-ce que tu procéderais ? Comment tu l'appâterais ? »

Nous avons simplement essayé de faire preuve de bon sens. La série fait aussi une large part à la vie de bureau, qui est partout pareille, reposant sur les relations humaines et les rapports de pouvoir. Pour ces moments, je me suis davantage inspirée de la série *Mad Men*, centrée sur la vie d'une agence de publicité dans les années 1960 et 1970, à New York, que sur des fictions d'espionnage. J'ai quand même regardé la première saison de *Homeland* mais je n'ai pas voulu voir la suite, car j'avais peur que cela me « pollue », m'influence à mon insu. L'ambition était bien de faire une série de culture française, sans verser dans le spectaculaire de certaines productions d'outre-Atlantique. Peut-être, aussi, laissons-nous transparaître une certaine tendresse pour la bureaucratie, car parfois elle sert à quelque chose.

La DGSE a connu une vague de recrutement après la diffusion du *Bureau des légendes* mais pas de ce seul fait, comme on a pu souvent l'entendre. Elle a surtout été provoquée par les attentats de 2015 en France, au moment où l'on écrivait des épisodes mettant Daech en scène. Nous nous sommes sentis rattrapés par la réalité de façon terrible, même si notre mission était de créer de fiction.

Camille de Castelnau

PASSEURS D'INTELLIGENCE,

ILS ONT FAÇONNÉ NOTRE MONDE

Ils ou elles présentent des profils inattendus, parfois improbables : les « passeurs d'intelligence » traversent les siècles, cultivant l'art de recueillir des informations de toute nature au cours de leurs pérégrinations ou de leurs rencontres. Marchands, explorateurs, dessinateurs, peintres ou écrivains à l'immense réputation, ils s'enquièrent des nouvelles frontières, du prix des marchandises, de la localisation des métaux précieux, du tracé d'une forteresse ou de l'humeur d'un souverain. Anonymes ou amis des puissants, commerçants ou artistes, ils explorent les confins du monde ou bien profitent de leur notoriété pour ouvrir grands leurs yeux et leurs oreilles. Empruntant des voies différentes, tous concourent à l'échange de connaissances. Fabienne Waks, auteur et journaliste, nous retrace les portraits de quelques passeurs d'intelligence qui ont marqué l'histoire.

INFORMATEURS PLANÉTAIRES

MARCO POLO, LES YEUX DU KHAN

Si Venise est toujours plus riche et plus puissante malgré son splendide isolement et la jalousie de ses voisins, c'est en partie grâce aux fils de marchands. Leur destin est de circuler à travers le monde pour commercer mais aussi pour rassembler des informations indispensables à la prospérité de la Sérénissime. Le plus célèbre d'entre eux, Marco Polo, a tout juste 17 ans en 1271 lorsqu'il part pour l'Orient avec son père et son oncle pour un voyage qui durera vingt-cinq ans. C'est lui qui, à son retour, dessinera les contours de l'Asie dans l'imaginaire occidental. Sa famille s'est présentée auprès du Khan mongol Kubilaï comme les envoyés de la chrétienté romaine. Celui-ci leur confie des missions diplomatiques et une ambassade en Inde. Le jeune Marco est aussi chargé de faire la tournée des receveurs impériaux dans une province de la Chine impériale, puis en devient gouverneur. Pendant ce temps, l'aîné de la fratrie, resté à Venise, y fait fructifier les affaires. Les Polo le rejoindront en 1295 après un voyage maritime de trois ans. Marco Polo racontera son voyage très romancé ainsi que la précédente expédition de son père et de son oncle dans *Le Devisement du monde* ou *Livre des merveilles*.

FRANCESCO DI BALDUCCIO PEGOLOTTI, LE GUIDE DES AFFAIRES FLORENTINES

Savoir où et comment investir à bon escient implique de disposer de renseignements fiables sur son environnement et au-delà : une mission délicate car les contrées éloignées sont parfois décrites par des récits fantaisistes et les nouvelles mettent des semaines à arriver à bon port. Réussir dans le commerce ne souffre pas d'approximation. Aussi, Francesco di Balduccio Pegolotti (v. 1290-1347), un des directeurs de la compagnie florentine Bardi, compose dans *La Pratica delle mercatura* une véritable encyclopédie des affaires, réunissant les termes utilisés dans le commerce. Il décrit les grandes villes et leurs principales productions, dont les précieuses épices, ainsi que les grandes routes commerçantes. Il dresse des tables arithmétiques pour faciliter les calculs des intérêts et échéances, précise les équivalences de poids et mesures par région, sans oublier le taux de paiement des changes. Il indique aussi la durée des voyages et les dates de foires. Un guide que le marchand, pionnier des guides commerciaux, ne manque pas d'actualiser à chacun de ses voyages.

DESSINATEURS ESPIONS ET PEINTRES DIPLOMATES

Peindre à ciel ouvert durant la Renaissance italienne peut se révéler périlleux et nourrir des soupçons d'espionnage. Il est alors interdit de dessiner des forteresses et toute personne prise en flagrant délit de peinture près d'un lieu stratégique risque de passer un mauvais moment, à moins que son commanditaire, artiste connu ou prince, garantisse sa qualité de peintre. Ainsi, en 1566, le peintre Livio del Riccio échappe de peu à la peine capitale. Sa faute ? Avoir esquissé les contours de la forteresse de Castrocaro, site hautement stratégique du duché de Toscane, situé entre la Romagne toscane et les États pontificaux. Le dessin est alors une arme pour la conduite de la guerre, indispensable pour planifier les attaques de forteresses ennemies. De nombreux peintres mettent le dessin de paysage au service de la guerre. Dans les manuels de voyage qui distillent des

« tuyaux » d'espionnage, on conseille bien sûr d'ouvrir grands ses oreilles et ses yeux, mais aussi de savoir dessiner pour rapporter des croquis. En Italie, Machiavel (*L'Art de la guerre* en 1521) et Castiglione (*Le Courtisan* en 1528) posent les bases de l'espionnage courtisan, une veine aussi exploitée par l'auteur de la formule « *knowledge is power* », Francis Bacon, en 1597 dans *Of Travel*.

Plus le peintre est grand, plus sa relation avec les puissants est intime, plus l'art de l'espionnage et de la négociation touche au chef-d'œuvre. Pierre Paul Rubens (1577-1640) parcourt les cours d'Europe, où il se consacre à une intense activité artistique et diplomatique. Car le maître flamand à l'immense réputation ne se contente pas de ses pinceaux, il veut œuvrer à la paix, d'abord entre les Provinces unies protestantes et la puissance espagnole, et ensuite entre l'Espagne et l'Angleterre. Sous couvert de composer des portraits dans une cour européenne, de négocier des tableaux ou de rencontrer d'autres artistes, Rubens mène tranquillement des missions secrètes de négociateur et d'intermédiaire au service de l'Infante Isabel, en particulier pour un rapprochement avec l'Angleterre durant la guerre de Trente ans (1618-1648). Doté d'une excellente mémoire, d'une grande rigueur, Rubens participe à peindre un nouveau monde.

LE PREMIER VILLAGE GLOBAL

Lorsqu'un petit pays d'un million d'habitants s'apprête à conquérir la moitié de la planète, sa seule armée ne suffit pas. Pour mener à bien la construction de son empire, le Portugal va miser sur trois armes : les meilleurs cartographes du monde, des navigateurs de génie et un réseau planétaire d'informateurs qui sauront se fondre au sein des populations locales et rassembler des informations exclusives sur les voies maritimes et sur le commerce des épices. Ainsi, en 1490, le roi Jean II missionne Pero da Covilha, qui a déjà mené des missions secrètes en Afrique du Nord. Sous la couverture d'un négociant en miel, muni de lettres de créances de banques italiennes, le Portugais, ancien écuyer à la cour, parcourt l'Inde, l'Égypte, la péninsule arabique puis gagne l'Abyssinie pour entrer en contact avec le négus Eskender, un chrétien connu en Occident comme le prêtre Jean. Les informations qu'il réussira à envoyer au roi Jean II au cours de ses voyages contribueront à la préparation de l'expédition de Vasco de Gama vers l'Inde.

« KNOWLEDGE IS POWER »

L'Angleterre du XVIe siècle fait sienne cette formule de Francis Bacon : le pays s'informe tous azimuts pour parfaire ses connaissances et ses performances en navigation et métallurgie. Les services de Sa Majesté organisent des visites intéressées sur le continent pour se procurer toutes sortes d'écrits. Ils passent aussi au vol d'informations lorsqu'ils le jugent nécessaire, voire au rapt d'experts.

Heureusement, le pays dispose aussi de sommités à l'image de John Dee (1527-1608), qui contribue à la préparation d'expéditions maritime. Ce scientifique forme les responsables aux mathématiques appliquées à la navigation, à la lecture des cartes et à la pratique d'instruments de navigation. Mathématicien réputé, membre du Trinity College de Cambridge, l'érudit a perfectionné son expertise en navigation en Europe, où il a même dispensé des cours de mathématiques à l'université de Paris. Il est resté célèbre pour ses expériences dans le domaine de l'occultisme et sa croyance au pouvoir occulte des mathématiques qui recèlent des mystères divins. Le mathématicien a-t-il inspiré Ian Fleming ? Il aurait signé ses lettres à la reine Elizabeth par les chiffres 007 : les deux 00 pour les yeux de la reine et le 7 pour lui-même.

S'il ne signe pas 007, il dispose néanmoins du permis de tuer : Sir Francis Walsingham (1532-1590), secrétaire d'État de la reine Elizabeth, est réputé pour avoir déjoué plusieurs conjurations et contribué à la défaite de l'Invincible Armada espagnole. Aussi efficace sur le front intérieur qu'extérieur, celui qui est surnommé le « maître espion de la reine » a organisé un formidable réseau d'informateurs en Europe et en Méditerranée, recrutant bien au-delà du personnel diplomatique, notamment des dramaturges comme Christopher Marlowe.

LE PÈRE JOSEPH, PREMIÈRE " ÉMINENCE GRISE "

« Quiconque a les yeux bandés ne saurait faire les bons choix », aurait dit le cardinal Richelieu, à qui l'on prête beaucoup, dont l'institutionnalisation du renseignement en France. Le ministre le plus puissant du roi Louis XIII s'appuie sur le père Joseph, appelé l'Éminence grise, de la couleur de la bure des capucins. Admiré ou conspué, François Leclerc du Tremblay de son nom de naissance est resté dans l'histoire comme un fervent homme d'Église au service de la royauté française, n'hésitant pas à tirer les ficelles pour prolonger la guerre de Trente ans et affaiblir l'Autriche. Il a la réputation d'un négociateur hors pair, d'un ennemi acharné des protestants et des Turcs contre lesquels il rêve de lever une nouvelle croisade. Dans son roman, *Cinq-Mars*, en 1826, Alfred de Vigny lui taille un costume d'homme prêt à toutes les bassesses pour servir Richelieu ; l'historien Michelet le considère comme le traître par excellence. Aldous Huxley, l'auteur de l'ouvrage *Le Meilleur des mondes*, lui consacrera un roman en 1945 titré tout simplement *L'Éminence grise*.

Lettré, polyglotte, né dans une famille noble, François Leclerc du Tremblay sert dans l'armée durant trois ans avant d'entrer dans l'ordre des Capucins en 1599. Il est connu comme un religieux passionné par l'écrit, qu'il s'agisse de correspondance, de projets politiques, d'avis diplomatiques et bien sûr de réflexions spirituelles. C'est en 1611 qu'il rencontre l'évêque de Luçon, futur cardinal Richelieu et futur ministre tout-puissant du roi Louis XIII, initiateur du renseignement institutionnalisé. Il le seconde dans tous ses combats, en particulier contre les protestants. Il a l'habitude de faire la tournée des monastères, recueillant ainsi de nombreuses informations. Il se dit qu'il a constitué au service de Richelieu un réseau de moines capucins qui lui font parvenir des informations précieuses des zones de conflit alors que l'Europe centrale est embrasée par la guerre de Trente ans.

VIDOCQ, DU BAGNE AU BUREAU DE RENSEIGNEMENT

Le renseignement privé se fait une place en France grâce à Vidocq. Familier des Français pour avoir inspiré nombre de romanciers et non des moindres, Balzac, Dumas, Hugo... puis personnage du petit et du grand écran, Eugène-François Vidocq est connu davantage pour ses méfaits de hors-la-loi, sa vie de forçat, d'indicateur puis de policier que comme un pionnier de l'intelligence économique. Pourtant, après avoir publié ses mémoires en quatre volumes, dirigé la brigade spéciale de la Sûreté de la préfecture de police de Paris, un service constitué de repris de justice qui s'infiltrent dans le milieu des malfaiteurs, et ouvert une imprimerie où il invente le papier infalsifiable, c'est en 1833 que Vidocq lance le Bureau des renseignements dans l'intérêt du commerce. Cette fois, l'ancien bagnard s'infiltre dans le milieu économique en pleine ébullition sous la monarchie de Juillet. Ne mégotant pas avec l'ambition, Vidocq changera ensuite le nom en Bureau des renseignements universels.

Le programme est clair et son initiateur passe donc du côté des intérêts privés, pourchassant les escrocs qui nuisent au commerce. Il se forge une nouvelle devise clamant sa haine du fripon et son dévouement sans bornes au commerce. En s'abonnant au Bureau pour 20 francs, le commerçant bénéficie de la protection du fameux Vidocq. Mais pas seulement, car le Bureau se targue de fournir des informations économiques sur les commerces et les sociétés, sur leur clientèle et la valeur réelle du fonds. Un franc succès Vidocq, avec ses méthodes efficaces, revendique jusqu'à 10 000 clients et l'emploi d'un effectif de 20 agents pour le plus grand bien du commerce. Son bureau se consacre également à une seconde clientèle, les époux ou amants jaloux qui veulent connaître les faits et gestes de leur femme ou mari. Alfred de Vigny aurait fait appel aux services de Vidocq pour confirmer l'infidélité de sa maîtresse Marie Dorval. Las, l'agence est fermée en 1847 par décision de justice en raison de ses méthodes peu orthodoxes, comme la séquestration d'un débiteur ou une extorsion d'argent à un client crédule en échange d'une fausse décoration. Vidocq se retrouve encore une fois emprisonné avant de rebondir, comme à son habitude.

MISSION IWAKURA OU COMMENT LE JAPON APPREND DE L'OCCIDENT

Comment s'informer sur l'état du monde après trois siècles d'isolement ? En étudiant méthodiquement le fonctionnement du monde occidental. À partir de 1868, le Japon démantèle son système féodal : c'est le début de l'ère Meiji, celle qui marque la modernisation du pays.

Dirigée par Iwakura Tomomi, ambassadeur et ministre des Affaires politiques et ses collègues diplomates Kido Takayoshi et Okubo Toshimichi, une mission d'étude de dix-huit mois est organisée. Elle compte une centaine de participants, ambassadeurs, fonctionnaires, industriels, étudiants qui s'embarquent tous le 23 décembre 1871 pour une tournée à travers 120 sites d'Amérique du Nord et d'Europe. Le programme est dense : du point de vue diplomatique, il s'agit de renégocier les traités défavorables au Japon. L'ambition est aussi de rassembler des idées pour construire un État moderne en enquêtant et étudiant les pratiques de l'administration, de l'industrie, l'organisation des transports, du commerce, de la diplomatie, de la science, de l'éducation, de l'armée, de la culture… La mission rencontre des dirigeants politiques, comme le Président Thiers en France, le chancelier prussien Bismarck, des responsables économiques mais aussi des scientifiques et des universitaires. La délégation sillonne l'Amérique du Nord et l'Europe pour comprendre les mécanismes de la prospérité occidentale, passe tout au crible, en particulier le développement industriel en Grande-Bretagne. À leur retour, après des escales au Moyen-Orient et en Asie, les responsables de la mission affirment leur volonté d'allier esprit japonais et technologie occidentale pour réussir la modernisation du Japon.

ARCHÉOLOGUES ET EXPLORATEURS, DÉJÀ SUR LE TERRAIN

Repérer, creuser, fouiller, identifier, raconter, tel est le quotidien d'un archéologue dont la mission avait souvent partie liée avec la diplomatie. Nombreux sont les archéologues qui, au cours du XXe siècle, s'intéressent aux installations militaires ou tracent des cartes de lieux stratégiques. Leurs collègues explorateurs, du latin *explorator* : observateur, éclaireur, espion, sont aussi bien souvent sollicités par leur gouvernement en temps de paix ou en temps de guerre.

LAWRENCE D'ARABIE, DE LA CARTOGRAPHIE À LA GRANDE RÉVOLTE ARABE

« L'Influence des croisades sur l'architecture militaire européenne, jusqu'à la fin du XIIIe siècle », ainsi s'intitule la thèse que Thomas Edward Lawrence soutient en 1910, après des études d'histoire à Oxford et des vacances passées à découvrir les provinces ottomanes de Syrie et de Palestine. Il se rend ensuite en Syrie sur un chantier de fouilles britannique. Le jeune homme se prend de passion pour les civilisations arabes et leur mode de vie. Lui qui parle déjà français, allemand, sans oublier le latin et le grec, maîtrise très vite l'arabe. Ses relevés archéologiques réalisés à proximité de la ligne de chemin de fer Berlin-Bagdad présentent un grand intérêt pour les militaires britanniques. Avec une équipe de topographes, il est chargé par l'armée en 1914 de prétexter un chantier de fouilles dans le Néguev afin de dessiner une carte du Sinaï. Durant la Grande Guerre, il rejoint la section géographique du ministère de la Guerre comme cartographe puis est envoyé pour l'Intelligence Service au Caire et dans le Hedjaz. Gagnant le surnom de « Lawrence d'Arabie », il s'occupe de la liaison entre les tribus arabes révoltées contre le souverain ottoman et les Britanniques. Il s'empare d'Aqaba à la tête de troupes arabes en juillet 1917 et entre à Jérusalem en décembre avec l'armée britannique conduite par le général Allenby. Après la guerre, Lawrence perd ses illusions devant le partage du Moyen-Orient entre la Grande-Bretagne et la France, sans la création d'un nouveau royaume arabe. Il revient à Oxford, s'engage dans la Royal Air Force, publie *Les Sept Piliers de la sagesse* en 1922, accepte un poste en Inde, où sa réputation d'espion le dessert, et il rentre au pays, où il meurt d'un accident de moto en 1935. En 1962, sa vie est magnifiée au cinéma par le film aux multiples oscars de David Lean, où Peter O'Toole interprète un fougueux et romantique Lawrence d'Arabie.

LOUISE BOYD, LA REINE DES GLACES EN MISSION ARCTIQUE

Où des avions militaires pourraient-ils atterrir à l'ouest du Groenland ? Comment les ondes radioélectriques se transmettent-elles dans les régions arctiques ? Telles sont les questions posées par le gouvernement américain durant la Seconde Guerre mondiale à l'exploratrice des pôles Louise Boyd. Cette milliardaire californienne s'est prise de passion pour l'Antarctique dans les années 1920. Elle affrète sa propre expédition sur le navire qui avait transporté le grand explorateur Amundsen, documentant, filmant, photographiant les paysages. Lorsque ce dernier disparaît, elle participe à sa recherche, en vain. Celle que l'on appelle « la reine des glaces » aura conduit sept expéditions dans les pôles entre les années 1920 et 1950, dont des explorations secrètes pour le compte du renseignement américain. Louise Boyd sera également la première femme à voler au-dessus du pôle Nord.

JULIA CHILD,
DU RÉPULSIF ANTIREQUIN AU BŒUF BOURGUIGNON

Julia Child a-t-elle emprunté les secrets de la gastronomie française au profit des ménagères américaines ? Célébrée sous les traits de Meryl Streep dans le film de Nora Ephron *Julia and Julia* en 2008, la papesse de la cuisine française aux États-Unis n'a pas commencé sa vie professionnelle au-dessus d'un fourneau. Rédactrice en publicité, Julia McWilliams de son nom de naissance avait rejoint l'OSS, le bureau de renseignement créé durant la Deuxième Guerre mondiale, prédécesseur de la CIA. Elle appartient à l'Emergency Rescue Equipment (ERE) chargé des équipements de sauvegarde de l'armée. C'est là qu'elle travaille à sa première recette, le développement d'un répulsif contre les requins, qui ne font pas de différence entre marins et aviateurs américains ou japonais. Stationnée au Sri Lanka puis en Chine, elle suit ensuite son mari Paul Child en poste à Paris et tombe sous le charme de la cuisine française. Son premier livre de cuisine, *Mastering the art of french cooking*, publié en 1961, fait un tabac. Son émission de télé « The French Chef » à partir de 1963 la propulse dans les cuisines américaines avec des recettes françaises.

ON NE PRÊTE QU'AUX GRANDES PLUMES

Et les écrivains dans tout cela ? Souvent proches des puissants, doués d'imagination, curieux du monde et parfois grands voyageurs, les écrivains sont souvent accusés de jouer un double jeu et d'endosser aussi ce rôle de « passeur ». Pour certains, ce fut indéniablement le cas. Pour d'autres, il restera à jamais un doute, comme dans le cas de Voltaire. Aussi admiré que haï par ses contemporains, il a été soupçonné d'espionner son bienfaiteur Frédéric II de Prusse, ou du moins de tenter de avec le souverain afin de protéger les intérêts français...

CERVANTÈS, ESPION DE PHILIPPE II ?

Contrairement à son héros livresque Don Quichotte, Miguel de Cervantès (1547-1616) n'a pas affronté des moulins mais des Turcs. Il s'est battu au service du roi d'Espagne, perdant sa main gauche à la bataille de Lépante en 1571. Après de nouveaux combats, celui qui est désormais surnommé « le manchot de Lépante » embarque sur une galère pour retourner dans son pays natal. Las, il est capturé en 1575 par des corsaires barbaresques et retenu durant cinq ans à Alger. En 1581, le roi Philippe II lui aurait confié une mission secrète : retourner non loin de son lieu de captivité, dans le territoire espagnol d'Oran, pour monter une alliance avec le gouverneur, un ancien captif des Barbaresques, et des notables de Mostaganem. Ce voyage n'est pas resté dans les annales diplomatiques mais Cervantès aurait constaté la situation alarmante des garnisons espagnoles, harcelées par des tribus algériennes.

C'est en 1605, et en 1615 pour le second volume, que Miguel Cervantès publie *L'ingénieux Hidalgo Don Quichotte de la Manche*, l'un des ouvrages les plus traduits au monde et la première des œuvres modernes selon le philosophe Michel Foucault.

BEAUMARCHAIS CHASSE LE LIBELLE EN ANGLETERRE

On retient plus volontiers l'image du dramaturge luttant pied à pied contre la censure pour faire jouer *Le Mariage de Figaro* que celle, moins flatteuse, du coureur du dot en mission secrète pour détruire des libelles hostiles à la royauté. Pierre-Augustin Caron, dit Beaumarchais (1732-1799), ancien horloger inventeur d'un mécanisme d'échappement, est un homme fortuné grâce à ses deux premiers mariages et ses prompts veuvages. Introduit à la cour, il traîne vite de nombreuses casseroles et se heurte à l'institution judiciaire qu'il critique haut et fort. L'homme sait se dépêtrer de toutes les situations. Pierre-Auguste Caron est envoyé à Londres par le cabinet secret du roi pour empêcher la publication d'un libelle injurieux envers Mme du Barry, favorite de Louis XV, les très croustillants *Mémoires secrets d'une fille publique*. Son auteur, le chevalier de Morande, accepte la destruction contre un bon prix et se met au service de Beaumarchais pour traquer d'autres écrits insultants pour le roi. Ainsi, ils se chargeront de faire disparaître un libelle moquant cruellement le nouveau couple royal, Louis XVI et Marie-Antoinette. Entre l'écriture de deux pièces, le combat pour la reconnaissance du droit d'auteur et la publication des œuvres de Voltaire, Beaumarchais s'engage pour une noble cause : il espionne les Anglais et soutient en 1776 l'indépendance des colonies américaines en fournissant aux insurgés équipements, bateaux, munitions.

QUAND LA RÉALITÉ SE FAIT FICTION

Pour écrire un grand roman d'espionnage, faut-il nécessairement avoir côtoyé de près l'intelligence ? Une thèse qui semble avérée si l'on scrute le CV des plus grands, à commencer par Somerset Maugham, œil des renseignements anglais en Russie avant la Révolution, médecin et auteur en 1928 de *Mister Ashenden agent secret.* Citons bien sûr Ian Fleming, agent du renseignement militaire de la Navy durant la Seconde Guerre mondiale, qui a créé James Bond lors d'une de ses missions à Lisbonne, ou encore de John Le Carré, agent du MI6 en Allemagne au début de la guerre froide jusqu'en 1963, auteur de *L'espion qui venait du froid* publié en 1965 et inventeur de l'inoubliable personnage de Smiley. La preuve encore avec deux autres exemples littéraires : Graham Green, agent des renseignements qui a signé de nombreux romans dont plusieurs d'espionnage, et l'Anglo-libanais écrivant en français, Percy Kemp, le créateur du personnage d'Harry Boone. L'auteur n'émarge pas aux services britanniques mais s'est spécialisé dans l'intelligence économique.

NOTRE AGENT À LA HAVANE
OU LES SECRETS DE L'ASPIRATEUR

L'intelligence économique atteint son acmé dans le Cuba de Batista lorsque des plans stratégiques changent de main : James Wormold, héros de *Notre agent à La Havane*, espion malgré lui, transmet aux services britanniques les plans d'une arme révolutionnaire. Ce sont en fait les dessins d'un nouvel aspirateur. Le commerçant (en aspirateur), héros du livre de Graham Green publié en 1958, avait déjà inventé un faux réseau et rédigé des rapports absurdes pour contenter son agent traitant et toucher une rondelette somme d'argent. Une gratification destinée à compenser la faiblesse du marché de l'aspirateur sur une île en proie à de nombreux désordres, dont des coupures d'électricité handicapant encore plus la diffusion de l'aspirateur et surtout les dépenses incontrôlées de sa fille. Les représentants en aspirateur de marques concurrentes entrent aussi dans le jeu d'un roman qui ne lésine ni sur la dérision ni sur l'humour, forcément anglais. L'auteur, né en 1904, a fait ses classes au *Times* puis a servi comme agent de renseignement durant la Deuxième Guerre mondiale. Immense écrivain de la foi et du péché, Graham Green est aussi le scénariste du film de Carol Reed, *Le Troisième Homme*, qui en 1949 s'attache à décrire la noirceur de l'après-guerre dans les ruines de Vienne et son lot de soldats perdus, d'espions, de faux héros, de truands, de trafiquants sans loi ni foi du marché noir.

HARRY BOONE,
L'AGENT BRITANNIQUE QUI DOIT SAUVER INTERNET

Un agent britannique qui a trouvé son paradis à Grenade, craignant comme la peste d'être renvoyé vers les frimas londoniens : Harry Boone, héros récurrent des romans de Percy Kemp, lézarde aux temps du Covid-10. Le romancier anglo-libanais, également consultant en intelligence économique, remet en piste Harry Boone dans *Les Cinq sœurs* (2023). Sa mission s'apparente d'abord à une fausse chasse au trésor sous le soleil. Pourtant, le danger rôde : le réseau internet mondial est menacé, des câbles sous-marins sabotés sur divers continents empêchant les communications en plein confinement mondial. Les *Big Five* ou les « cinq sœurs » de la tech qui ont succédé en pouvoir et richesse aux « sept sœurs » du pétrole, sont aux abois face aux saboteurs. L'avenir du nouveau monde est menacé et les vieux agents n'y comprennent parfois plus rien.

Fabienne Waks

QANON, OU LA MATRICE DU FAUX

La quête d'une « vraie » information est un chemin semé d'embûches qui demande d'identifier le bon interlocuteur, d'analyser et de recouper les éléments. En revanche, la fausse information ne s'embarrasse pas de ces précautions et peut se propager à un rythme inédit depuis l'invention des réseaux sociaux. Les *fake news*, qui existent depuis la nuit des temps, offrent une nouvelle dimension au mensonge et à sa fille aînée, la théorie du complot, grâce à leur vitesse de propagation, soit l'instantanéité, et leur terrain de jeu, soit la réalité. Dans cette sphère, QAnon (pour Q Anonymous) va plus loin en créant sa propre matrice, que retrace ici Fabienne Waks. Plutôt que de prendre l'information à contre-pied, la nébuleuse conspirationniste a inventé un monde parallèle où toute relation avec la réalité est bannie ou falsifiée et où tous les éléments sont repris, agrémentés et répercutés à folle vitesse. Un tourbillon qui a créé un trou noir où s'abîment la raison et l'intelligence, et où les *fake news* provoquent davantage de dégâts que de simples erreurs lors de recherches d'information.

Trois ans. Il n'a pas fallu davantage pour qu'un mouvement conspirationniste s'impose mondialement. Un certain « Q » se manifeste pour la première fois en octobre 2017. Le 6 janvier 2021, le mouvement fait intrusion dans le monde entier en attaquant le cœur de la démocratie américaine lorsque le Capitole est mis à sac par des émeutiers pro-Trump, dont certains arboraient des pancartes ou des drapeaux ornés de la lettre Q.

« Attention, Q est une fiction planétaire dont le terrain de jeu... est le réel », alerte le journaliste Nicolas Gastineau dans *Philosophie Magazine* fin janvier 2021, quelques jours après ces événements. La défaite du Président républicain, leur chevalier blanc, a fourni aux tenants de QAnon des munitions supplémentaires pour armer leur conviction. Ce qu'ils dénoncent ? Un méga complot sataniste à tendance pédophile, fomenté par un groupe rassemblant des élites du parti démocrate et des représentants du monde de la culture et des médias, rassemblés dans le « *deep state* ». Cet État profond ne contrôlerait pas seulement les États-Unis mais aussi une partie du monde.

FAIRE LEVER UNE TEMPÊTE

Tout commence en octobre 2017 : un certain Q, utilisateur du forum 4chan, lance une chaîne de discussion intitulée « le calme avant la tempête », phrase que le Président en exercice, Donald Trump, aurait prononcée lors d'une rencontre secrète au sommet. Le jour de la tempête sera donc celui où le *deep state* sera vaincu par Donald Trump, qui se bat secrètement contre ce complot. Q le sait, car il prétend détenir des documents confidentiels en raison de son accréditation secret-défense du ministère de l'Énergie, soit la *Q clearance*. Ses messages sont donc censés être des fuites de documents ultra-secrets, des messages devenant au fur et à mesure de plus en plus abscons.

Pour décrypter le complot, l'informateur anonyme lance des indices, des miettes (*breadcrumbs*) à des boulangers autoproclamés qui vont les pétrir pour faire lever l'histoire et révéler la vérité. Car Q a convaincu de nombreux adeptes, appelés les « QAnon » : « Anon » pour « *anonymous* » avec des élucubrations qui pourraient prêter à rire ou à s'inquiéter de l'état de la santé mentale au XXIe siècle. Sauf que ce conte cauchemardesque a été pris, et continue à être pris, pour argent comptant par des millions de personnes, Américains d'abord puis Européens, en particulier durant la pandémie de Covid-19.

LES QANON QUITTENT LE MONDE VIRTUEL POUR ENVAHIR L'ESPACE PUBLIC

Les QAnon préparent donc la chute du *deep state* qui adviendra lorsque la vérité triomphera et que le mal sera abattu. Celui-ci ronge le pays depuis l'assassinat du Président Kennedy et la prise du pouvoir par une cabale qui décoche ses mauvais coups à l'Amérique. Les derniers en date seraient les mesures contre le Covid-19 et, bien sûr, la défaite de Trump. Message après message, les corrupteurs quis salissent l'Amérique sont dénoncés.

Cette théorie complotiste, née et bâtie dans le monde virtuel, envahit et perturbe l'espace public politique et culturel. Q a été classé parmi les 25 personnalités les plus influentes d'internet par le *Time* en 2018. Cette même année, les QAnon sortent de leurs forums en participant à Tampa à un meeting de Donald Trump, drapeaux frappés du Q en main. Les communautés de cette nébuleuse sur les réseaux sociaux comptabilisent plus de 3 millions de personnes sur

Facebook selon NBC, avant d'en être bannis en 2020 comme ils l'ont été ensuite de Twitter. Mais chassés par la porte, les QAnon reviennent par tous les pores des réseaux sociaux, ouvrant de nouveaux comptes, échangeant sur les forums, les sites internet, se retrouvant sur des canaux Telegram, partageant des extraits de vidéos postées sur des chaînes YouTube. Les comptes de certaines personnalités de cette mouvance, aux États-Unis comme en Europe, sont suivis par des centaines de milliers de personnes. La fausse information ne marche pas, elle court, fait boule de neige, s'adapte en fonction des pays et de leurs dirigeants. Chacun peut s'y agréger avec ses fantasmes, ses haines et ses rejets, car QAnon fait libre place à toute expression conspirationniste. En ce sens, Qanon est devenue la véritable matrice de toutes les théories du complot, à qui elle offre son *story-telling*, sa rhétorique, sa logistique...

LES ACTEURS DE LA NÉBULEUSE QANON

Le mystérieux Q se présente comme un haut fonctionnaire patriote. Pour ses adeptes, il pourrait être JFK junior, le fils du Président Kennedy, qui serait bien vivant malgré l'annonce de son décès dans un accident d'avion. Hors du cercle des QAnon, on s'interroge aussi sur l'identité de Q. Derrière cette 17e lettre de l'alphabet, autre obsession de QAnon, pourraient se cacher John et Ron Watkins, un père et son fils, qui ont lancé le forum 8chan puis 8kun, où Q a migré après 4chan. Une autre théorie évoque un duo formé par un informaticien sud-africain et un républicain de l'Arizona, c'est la thèse de l'ouvrage *Affaires de style. Du cas Molière à l'affaire Grégory, la stylométrie mène l'enquête*, publié en 2022 (Le Robert) par Florian Cafiero, ingénieur au CNRS, et Jean-Baptiste Camps, enseignant à l'École nationale des chartes.

Quel que soit l'initiateur, QAnon a bâti une nouvelle secte avec son messie, Q, son sauveur, Trump, ses fidèles et ses prophéties. Car dans le monde parallèle de QAnon, les coïncidences n'existent pas mais ressortent d'une gigantesque conspiration dont les participants dissimulent les informations en les cryptant. En conséquence, les adeptes de QAnon sont extrêmement occupés ; ils passent leur vie à décrypter, traduire, repérer les discours, les faits, les publications, traquer les indices et prendre en défaut et dénoncer l'État profond, révélant l'organigramme géant d'un complot planétaire.

LES DÉSIGNÉS COUPABLES : LES MEMBRES DE L'ÉLITE

Cette machination planétaire, dénoncée par QAnon, engage des personnalités de premier rang, les Clinton évidemment qui, avec Obama, rêvaient de déclencher la troisième guerre mondiale. Tous sont impliqués dans un réseau de pédophilie en compagnie des trois familles qui dominent le monde, celle du financier Soros, celle des Rothschild alliée pour une fois à la famille royale saoudienne. Heureusement, Donald Trump a sabordé leur tentative de lancer un conflit nucléaire en nouant de bonnes relations avec la Corée du Nord, dont le dirigeant est une marionnette qu'il contrôle. Les acteurs les plus en vue de Hollywood, notamment Tom Hanks, sont aussi en général de la partie. Au-delà des théories dont l'absurdité ne peut prêter qu'à rire, comme le naufrage du *Titanic* provoqué pour financer la réserve fédérale, ou l'attelle portée par Hilary Clinton pour dissimuler son bracelet électronique (elle aurait été arrêtée mais laissée libre pour ne pas alerter la population), se discute aussi l'enquête sur les relations entre le candidat Trump et la Russie durant sa campagne contre Hilary Clinton. En fait, les preuves indiqueraient la culpabilité des démocrates.

QANON, UNE VEINE LITTÉRAIRE ?

La structure de ce récit, tournant d'abord sur les forums et les réseaux sociaux puis s'imposant dans la vie politique, intrigue. Des théories sur son origine ou ses inspirations sont avancées. Selon l'article intitulé « Quand la fiction inspire les théories du complot », publié le 6 janvier 2022 sur le site de l'Association française pour l'information scientifique, Q pourrait avoir été influencé par les romans du britannique Dennis Y. Wheatley. Cet auteur d'une soixantaine d'ouvrages entre les années 1930 et 1970, vendu à 50 millions d'exemplaires, met en scène des sociétés secrètes satanistes infiltrant les lieux de pouvoir et combattues par des héros de la bonne société. Un autre ouvrage italien plus récent, paru en 2001 en France, *L'Œil de Carafa*, est aussi cité comme source d'inspiration, notamment par ses auteurs, un collectif anticomplotiste qui signe sous le pseudo de Wu Ming, à mille lieues idéologiques des théories de QAnon. Le roman, titré *Q* en Italie, se déroule au XVIe siècle et raconte l'histoire de paysans protestants qui s'opposent au responsable de l'Inquisition, un dénommé Q. Celui-ci espionne les dissidents en infiltrant leurs rangs. QAnon, un canular de gauche repris par l'extrême droite américaine et qui aurait mal tourné ? C'est l'idée rapportée par Irène Cacopardi, docteure en littérature italienne et spécialiste des relations entre littérature et internet dans son article « QAnon, une guerre culturelle entre canulars et nouveaux mythes » parus dans les *Cahiers d'histoire.*

DE L'INFLUENCE DE *LAS VEGAS PARANO* SUR L'ADÉNOCHROME

Outre la trame de Q, ses motifs récurrents sont scrutés, en particulier la pédophilie et l'adénochrome. Cette drogue puissante fournie par un sataniste qui moleste les enfants existe bel et bien, mais dans le roman *Las Vegas Parano* (*Fear and Loathing in Las Vegas: a Savage Journey to the Heart of the American Dream*) de Hunter S. Thompson, publié en 1971 et son adaptation au cinéma en 1998 par Terry Gillian. L'adénochrome devient dans le monde QAnon un élixir de jouvence dont se régalent les élites. Elle serait obtenue tout simplement en torturant des enfants pour pomper l'adrénaline de leurs glandes surrénales. Une pratique que les puissants prisent, notamment la reine Elizabeth et le prince Philippe, ce qui explique enfin leur longévité ! Les puissants sont en fait des vampires.

Le combat pour sauver les enfants des griffes des prédateurs prend une place de choix dans les enquêtes des QAnon. Après le trafic d'enfants dans une pizzeria de Washington qui serait le quartier général des satanistes, c'est le site de vente en ligne des meubles Wayfair qui est désigné à la vindicte. La cause ? Le prix élevé de certaines armoires. La véritable raison selon QAnon ? À chaque meuble correspondrait un enfant mis en vente. D'ailleurs, le nom de ces pièces de mobilier serait celui d'enfants disparus. Trump aurait même essayé d'en libérer certains en implantant un hôpital militaire secret sous Central Park.

La pandémie a été pain béni pour booster ce monde parallèle atteint d'un délire collectif, *collective delusion* selon les journalistes de Buzzfeed, un réseau mondial à la ferveur quasi-religieuse qui rejette totalement la raison. Même si les prédictions de Q sont évidemment restées lettres mortes, la fameuse tempête annoncée ne s'est pas levée ; tant que le *deep state* n'est pas vaincu, les QAnon, toujours plus nombreux, continuent de prospérer.

Fabienne Waks

Elles sont fraîches, mes data, elles sont fraîches !
XG

LA CHUCHOTEUSE

Une nouvelle de Denis Soula

Et si un jour l'information n'existait plus ? Plus de précieux renseignements ni de secrets d'État, plus de souvenirs de vacances ni de brevets scientifiques. 2124, un monde sans archives, sans aucun document, sur aucun support. Une dystopie signée par l'écrivain Denis Soula, où l'« intelligence » est contrainte à de nouvelles formes, de nouvelles voix, au sens propre.

Je suis *la chuchoteuse.* La « chichiteuse » disent les autres en me charriant avec une pointe de jalousie parce qu'au fond, je suis la seule à murmurer à l'oreille de ceux que j'appelle *nos patients* ; car il en faut de la patience pour m'écouter pendant des heures restituer à voix basse les plus belles pages de la littérature, les brevets de l'Organisation mondiale de la propriété intellectuelle ou les théories politiques les plus fumeuses. Je suis l'une des voix qui retiennent les secrets de l'humanité et les répètent aux peuples qui les ont oubliés mais en ont besoin dans leur vie professionnelle ou personnelle et veulent les transmettre à leurs clients ou leurs enfants et aux enfants de leurs enfants pour essayer d'emmener le plus loin possible les souvenirs du monde, jusqu'au jour où quelque scientifique réparera les bécanes qui stockaient nos livres, articles de presse, formules de politesse, codes nucléaires, scores de matchs de hockey sur gazon, blagues, poésies ou mots doux.

Un bug s'est produit dans le système en 2094. Après tout, ironise sous cape, ma copine *la rieuse*, les ordinateurs sont des êtres humains comme les autres, ils ont eu un moment d'inattention et oups, un reset malencontreux = mémoire zéro. À moins que ça n'ait été un coup de l'Intelligence matricielle pour se débarrasser des oripeaux de la vieille artificielle. C'est ballot, quelques années auparavant l'humanité était passée au tout numérique après avoir bazardé parchemin, papier carbone, papier glacé, papier musique, petits papiers et beaux livres. On avait fait de la place, vendu médiathèques, archives et librairies pour construire des logements sociaux et des Ehpad pour accueillir nos si nombreux anciens.

Des écologistes aux négationnistes, tous d'accord, trop c'était trop, ouste les annuaires, les journaux, les recueils, les missels, les bulles, les pneumatiques, les cartes postales,

les microfilms. On avait enfin décidé d'épargner les derniers arbres, c'était la fin du charbon, du gaz et du pétrole, nous avions basculé dans le tout éolien, la Terre s'était couverte de grands hérons blancs immobiles.

Plus haut, tout semblait à l'abri dans le nuage et les disques durs. Mais tout s'est évaporé ; de nuage et de disque, ne sont demeurés que nos yeux pour pleurer, scruter le ciel déserté et écouter les disques muets. Du John Cage XXL. Des armoires vides. Où es-tu Ray Bradbury ? Où êtes-vous Marthe McKenna, Jules Verne, Nicolas Machiavel, Stephen King et Hugo Pratt ? Où êtes-vous David Cornwell, Graham Greene et Mary Rinehart ? Où vous êtes-vous réfugiés ? Au loin s'en vont les nuages et la parole des sages. Il ne nous est resté que des bribes de mots tapis dans notre mémoire, gouttes d'eau dans le Sahara du savoir. Seulement le présent pour se projeter dans l'avenir. Avec tout le mal qu'on avait dit des cours d'histoire au lycée et le peu de cas que nous avions fait des leçons du passé, ça n'a pas dû être une grande perte. Au début.

Aujourd'hui, en 2124, nous sommes tous des orphelins, sourds, mais heureusement pas muets. Dans la Grèce antique, les déclamateurs connaissaient par cœur les seize mille vers de *L'Iliade* d'Homère. Il paraît même qu'en 1914, on trouvait encore à Salonique des illettrés capables de tout réciter de tête, leurs vieux discoboles durs de la feuille seulement occupés par les vers du divin aède. Nous sommes ainsi neuf, la chanteuse, l'acteur, la rieuse, le chiffreur, la marmonneuse, le prieur, la signeuse, le crieur et moi.

Nous nous souvenons et nous *restituons*. C'est le terme qu'ils ont trouvé à la direction de la Restitution manuelle dont nous dépendons. Pour envisager un futur rendu plus complexe par le bug, il a fallu faire preuve d'intelligence stratégique, consolider les savoirs, recueillir le moindre morceau de mémoire connu, recouper les sources, décrypter, analyser et stocker ces lambeaux. L'étape suivante de l'opération, lancée par la DRM, fut d'identifier des gens comme moi, dotés d'un hippocampe et d'une plasticité neuronale supra maousses, capables de cet effort autrefois si naturel, aujourd'hui si essentiel, le *par cœur*.

Nous cultivons plus de souvenirs que si nous avions mille ans, impossible de les mémoriser facilement, alors les savants réunis au sein de la Docte Galerie supérieure de l'écoute ont mis au point un process comme en adoptent parfois les comédiens ou les chanteurs pour s'approprier leur texte. En chantant, jouant, criant, riant, marmonnant, chiffrant, priant, chuchotant ou grâce à la langue des signes, nous emmagasinons patiemment les textes que nos prédécesseurs nous transmettent avant de mourir.

Nous les apprenons, chacun sa méthode, ses trucs d'apprentissage, pour tâcher de retenir les résidus de la pensée humaine qui surnagent de l'écume des civilisations. Nous préservons et restituons au grand public, écoles, universités, académies de l'antique savoir et aux entreprises, bureaux d'études qui nous sollicitent, à partir du matériau que les trouveurs de mémoire exhument au retour de leurs expéditions aux confins des terres connues. Ce ne sont plus des liasses de billets sous les matelas, le collier de la reine, les diamants du Nil ou l'or des Aztèques qui constituent la richesse de l'humanité, ce sont ses souvenirs, ce que les scribes, les historiens et les poètes avaient pris soin de consigner dans un carnet ou sur une pierre de Rosette.

Beaucoup de procédés, de savoir-faire, de machines ont continué de fonctionner, mais nous croisons les doigts pour qu'elles ne tombent pas en panne ou soient victimes d'obsolescence. Chaque machine qui rouille est un pan de notre histoire qui se grippe. Alors, la mission qui fut confiée à ma maîtresse chuchoteuse, puis à moi lorsque ses capacités déclinèrent, peut paraître ingrate au regard de la flamboyance des pages de Virginia Woolf ou de Dostoïevski, des partitions de Mozart ou de Duke Ellington, des comptes rendus des matchs de Pelé ou de Zidane mais, en dépit de son peu de reconnaissance médiatique, elle fut vitale pour repartir à zéro et reconstituer la mémoire du temps.

Il s'agissait d'ingurgiter des millions de pages de brevets d'exploitation, de modes d'emploi, de données statistiques, de notices d'utilisation, de formules chimiques, en bref, le squelette du langage, les rouages du savoir, l'infrastructure de la connaissance. Nous avons, par exemple, en dignes héritiers de Gutenberg, défini de nouveaux caractères typographiques simplifiés, lointains cousins de ceux qui favorisèrent l'impression des bibles au XVe siècle. Ce fut l'amorce de ce que nous appelons l'« imprimerie 2.1 », sans papier issu de l'arbre, mais à base d'algues ou de canne à sucre.

D'ailleurs, de la cinquantaine connue des fameuses bibles n'avait subsisté que celle conservée à la bibliothèque apostolique du Vatican, restée coincée dans le monte-charge qui relie le bunker de conservation aux salles de lecture de la bibliothèque lors du grand bug. L'annonce en 2104 de cette redécouverte, sorte d'arche de Noé contemporaine, enthousiasma le monde entier, mais dans les années qui ont suivi, pendant que le prieur, *of course*, s'envoyait les 1286 pages de la vénérable BD, dans la pièce à côté de la DRM, en toute discrétion, ma maîtresse chuchoteuse et moi avons déchiffré et mémorisé un autre document crucial, le dictionnaire de données pour les métadonnées de préservation, rapport final du groupe de travail PREMIS.

Ce programme dont le Vatican était partenaire avait établi un dictionnaire judicieusement joint à la Bible dans le monte-charge. Le dictionnaire faisait le point, au début du XXIe siècle, sur les informations nécessaires pour garantir sur le long terme l'intégrité d'un objet numérique au-delà de l'abandon de son format. Comment passer des 78 tours à la K7, au CD, au MiniDisc, à la clé USB, au MP3 sans jamais perdre la musique, en quelque sorte. Mettre la main sur les travaux du PREMIS était certes moins spectaculaire que la réapparition de l'ultime Bible, mais tout aussi utile (voire plus, suis-je tentée d'avancer avec mon esprit cartésien) car les données et métadonnées recueillies nous ont permis de rendre enfin pérenne le stockage des informations que nous réunissons de nouveau sur notre passé.

Au gré de nos rendez-vous chez nos patients/clients, je partage parfois mon repas de midi avec la marmonneuse. Elle hausse les épaules pour économiser un peu de salive pour sa tournée de l'après-midi dans les écoles de son quartier et positive toujours le drame en susurrant à mes oreilles : « Bof, au fond, le langage a sans doute deux millions d'années et l'écriture seulement six mille ans. Ce n'est pas tant de boulot que ça ! » Nous travaillons avec ce qu'on nous apporte, pages arrachées, ouvrages à moitié brûlés, livres de recettes de cuisine, de jardinage ou d'autodéfense dénichés dans des greniers, des refuges de montagne, des cales de bateaux échoués, des librairies clandestines ou de livres non rendus à la Library of Congress, aux archives d'Ottawa, à la bibliothèque scientifique de Vernadsky de Kiev, à la bibliothèque Richelieu et à celle d'Alexandrie lorsque, providence ou réchauffement climatique, elle a ressurgi des eaux de la Méditerranée au début de notre siècle 22.
Nous ne croulons pas sous les documents et manquons de main-d'œuvre pour déchiffrer, apprendre, retenir, restituer. C'est un travail qui exige beaucoup de concentration, une vie dédiée au passé, des heures quotidiennes de pratique, d'exercice du muscle mémoriel. Je ne compte plus les nuits où je décrypte un manuel de physique et chimie aux pages écornées, raturées.

Demain, j'ai une restitution complexe devant un parterre d'industriels qui surfent sur la (timide) vague de nostalgie qui semble s'emparer de nos concitoyens pour la *cérémonie du café*. Ce liquide amer, sombre et énergisant est depuis longtemps considéré avec méfiance. D'après les récits ou témoignages divers, il se consommait à tout moment de la journée, en vitesse, au comptoir d'établissements où l'on entrait de manière impromptue et anonyme sans avoir à badger. Dingue ! On pouvait le transporter en plein air, il constituait une espèce de rituel pour débuter la journée ou se donner un coup de fouet. Peu cher, accessible, facilement transportable, il a tout d'une drogue.

Ce groupe d'industriels, la Compagnie naturelle de recherche logistique transcontinentale, souhaite investir dans un éventuel « café du 22e ». Ils ont donc lancé un programme de réinvention du liquide en laboratoire et une exploration tous azimuts de marketing culturel. Le café était-il *in* ou *out* ? Son impact sur le bonheur qu'il semblait dispenser aux êtres humains est-il transposable dans le monde d'aujourd'hui ? La Compagnie ne risque-t-elle pas procès, mise à l'index, opprobre des parents ou des institutions en se lançant dans la fabrication à grande échelle de ce produit ?

Mon intervention doit faire le point sur l'état de notre maigre savoir sur le sujet. J'ai consulté mes fragments d'histoire et fouillé dans ma mémoire analogique. C'est ma plus-value, c'est là-dessus qu'ils m'attendent, c'est pour elle qu'ils ont grassement rétribué le Bureau. Ainsi, au lieu de me détendre dans les bras de ma camarade de vie, je me suis plongée dans les tréfonds de mon cerveau, j'ai essayé de me souvenir, où avais-je entendu parler de ce fameux café ? Qui m'en avait entretenu ? Que m'avait-il confié de décisif qui puisse valider le planning scientifique et commercial de la Compagnie ? Max Havelaar est-il une marque de café ou un pamphlet dénonçant l'oppression des Javanais par l'administration néerlandaise au XIXe siècle ? Où ai-je bien pu ranger ce fichu renseignement ?

Au cœur de la nuit, lorsque je rejoins enfin notre lit et me love dans la tendresse de ma compagne, je parcours une dernière fois les couloirs de ma mémoire et songe à la cécité de notre chère mais fragile civilisation, ballottée par les vents qui ne cessent plus de battre les sols ravagés devenus steppes, emportant dans leur tourbillon les pages de nos nobles ou misérables traces sur Terre.

Nous voici donc, enfants, femmes, hommes et autres créatures humaines, avançant sans passé, sans racines ; mélancoliques soudain de l'ancienne tradition d'écriture, de lecture et de recueillement tranquille qui accompagnait ces deux activités devenues si désuètes au XXIe. « Normal », affirment certains, après la destruction des plantes, arbres et forêts de la planète, est venue celle de la mémoire, comme pour effacer les traces du crime ; ou bien est-ce la vengeance des dieux qui, dans leur miséricorde et pour inspirer une ultime fois l'humanité et sauver les archaïques savoirs, autorisèrent Zeus à ne féconder qu'une seule déesse ?

Ce fut Mnémosyne, qui lui donna neuf enfants, les muses.

Auteur, journaliste radio, Denis Soula est également réalisateur de documentaires. Son premier roman, *La Dernière Ballade*, a été publié aux éditions Autrement en 2009. Depuis, ont été publiés aux Éditions Joëlle Losfeld : *Mektoub* (2012), *Les Frangines* (2015), *Deux femmes* (2018) et *Amour électrique* (2021), *Se tenir droite* (à paraitre en 2025).

Achevé d'imprimer par
Normandie Roto Impression s.a.s.
61250 Lonrai (Orne)
N° d'impression : 2405634

Imprimé en France